表現メディアの編集と表現

有賀妙子
渡部隆志
由良泰人

実教出版

目次

はじめに …………………………………………………………………………………… 4

1章　情報メディアとコンテンツ …………………………………………………… 5
1　情報メディアとコミュニケーション ………………………………………… 6
　　1　コミュニケーションの媒体 ………………………………………………… 6
　　2　メディアコンテンツの分類 ………………………………………………… 8
　　3　インターネットを利用した情報表現 ……………………………………… 9
2　Web コンテンツ ………………………………………………………………… 10
　　1　Web コンテンツの特性 ……………………………………………………… 10

2章　視覚表現の要素 ………………………………………………………………… 13
1　形態 ……………………………………………………………………………… 14
　　1　点・線・面 …………………………………………………………………… 14
　　2　幾何形態 ……………………………………………………………………… 18
　　3　有機的形態 …………………………………………………………………… 20
　　4　形態と知覚の傾向 …………………………………………………………… 22
　　5　形態の変形 …………………………………………………………………… 25
2　配置 ……………………………………………………………………………… 28
　　1　画面空間としての長方形 …………………………………………………… 28
　　2　画面空間の分割 ……………………………………………………………… 30
　　3　構図 …………………………………………………………………………… 31
3　色彩 ……………………………………………………………………………… 36
　　1　色彩の基礎知識 ……………………………………………………………… 36
　　2　色彩のイメージと対比 ……………………………………………………… 38
　　3　色調補正 ……………………………………………………………………… 42

3章　文字と画像 ……………………………………………………………………… 45
1　タイポグラフィ ………………………………………………………………… 46
　　1　タイポグラフィの基礎知識 ………………………………………………… 46
　　2　欧文書体 ……………………………………………………………………… 48
　　3　和文書体 ……………………………………………………………………… 52
　　4　フォントと文字組 …………………………………………………………… 54
2　画像 ……………………………………………………………………………… 58
　　1　文字の画像化 ………………………………………………………………… 58
　　2　イラストレーション表現 …………………………………………………… 61
　　3　画像加工 ……………………………………………………………………… 65

4章　映像メディア …………………………………………………………………… 71
1　アニメーション ………………………………………………………………… 72
　　1　映像メディアの歴史 ………………………………………………………… 72
　　2　アニメーションによる表現と手法 ………………………………………… 74
2　ビデオ …………………………………………………………………………… 80
　　1　ビデオフォーマット ………………………………………………………… 80

2　撮影と照明 ………………………………………………………… 85
3　3Dグラフィックス ……………………………………………………… 88
　　　1　モデリング ………………………………………………………… 88
　　　2　マテリアルとテクスチャ ………………………………………… 93
　　　3　レンダリング ……………………………………………………… 97
4　サウンド ………………………………………………………………… 104
　　　1　音の正体 ………………………………………………………… 104
　　　2　サウンドハンティング ………………………………………… 107
　　　3　ディジタルサウンド …………………………………………… 109
　　　4　コンピュータミュージック …………………………………… 111
5　映像コンテンツの制作 ………………………………………………… 116
　　　1　映像の種類 ……………………………………………………… 116
　　　2　映像の表現 ……………………………………………………… 117
　　　3　映像の編集 ……………………………………………………… 119
　　　4　映像の公開 ……………………………………………………… 123

5章　Webコンテンツによる情報表現 …………………………………… 127

1　制作プロセスと企画 …………………………………………………… 128
　　　1　制作の流れ ……………………………………………………… 128
　　　2　企画 ……………………………………………………………… 130
　　　3　著作物の権利 …………………………………………………… 131
2　Webサイトでの情報の視覚化 ………………………………………… 132
　　　1　情報の構造化 …………………………………………………… 132
　　　2　ナビゲーション ………………………………………………… 134
　　　3　ページデザインの基本 ………………………………………… 136
　　　4　ユーザビリティガイドライン ………………………………… 138
3　イメージの決定 ………………………………………………………… 142
　　　1　デザイン設計の方向性 ………………………………………… 142
　　　2　スタンダードデザインパターン ……………………………… 144
4　Webコンテンツとしての統合 ………………………………………… 154
　　　1　統合のための技術 ……………………………………………… 154
　　　2　コンテンツとプラグイン ……………………………………… 157
　　　3　表現メディアの埋め込み ……………………………………… 158
5　動作確認と評価 ………………………………………………………… 162
　　　1　動作確認 ………………………………………………………… 162
　　　2　Webサイトの評価 ……………………………………………… 163
付録　演習成果の評価指標（ルーブリック） ………………………… 166
　　　企画ワークシート ………………………………………………… 167
　　　HTMLタグリファレンス ………………………………………… 168
　　　スタイルシートリファレンス …………………………………… 170
　　　著作権・肖像権等について ……………………………………… 172
　　　ソフトウェア一覧 ………………………………………………… 173
さくいん …………………………………………………………………… 174

はじめに

　私たちはさまざまなメディアから発せられる情報や表現に囲まれて生活をしている。ポスターや雑誌などの印刷物から，Web サイト・ゲームアプリケーション・アニメーション・コンピュータグラフィックスを多用した映画・テーマパークのアトラクションなどモニタやスクリーン上で再生されるものまで，多くの表現のかたちに接している。そして，その中では，文字・画像・映像・音声といったメディアによる表現が使われている。

　少し前までそれらを制作するのは専門家であり，私たちはそれらを観たり，使ったりするだけだった。制作するには専門的な技術の習得や特別な機材が必要で，一般の私たちが制作して，それを発表することは考えられなかった。

　パーソナルコンピュータの普及とディジタル化技術の発展は，この状況を大きく変えた。興味さえあれば，水彩用の道具を一式揃えるのと同じ程度の意識で，制作のための機材（コンピュータやソフトウェア）を手に入れ，操作方法を学ぶことができるようになった。さらに，インターネットにより，作成したものを簡単に全世界に向かって発信することが可能になり，個人でも，大きな組織や著名な作家と同様に制作したものを広く社会に発表し，人々の注意をひきつけることができるようになった。

　表現メディアを使ったコンテンツが単に「見る・聞く」対象から，「作る」対象へと転換したといえる。

　表現メディアは，視覚や聴覚を通して情報を伝え，人々に新しい知識を知らせたり，喜びを与えたり，行動を起こさせたりする。表現されたものと，見る人・聞く人との間には一方向の伝達だけではなく，双方向のコミュニケーションが発生する。本書では，デザイン表現の基本的な知識や技術を学び，表現されたメディアコンテンツの働きを考えながら，Web ページとして統合していく。

　コンピュータを操作することで，メディアコンテンツを容易に「作る」ことができるようになったが，表現メディアに関する基本的知識の学習に加え，観察や構想のトレーニングが，コミュニケーション力をもった表現を生み出すためには必須である。コンピュータやソフトウェアは技術的発達の中でどんどん変わっていく。そのような変革の中でも陳腐化することのないもの，コミュニケーションのかたちを作り出すための基本的な知識と考え方を学習してほしい。

Chapter 1

1章
情報メディアとコンテンツ

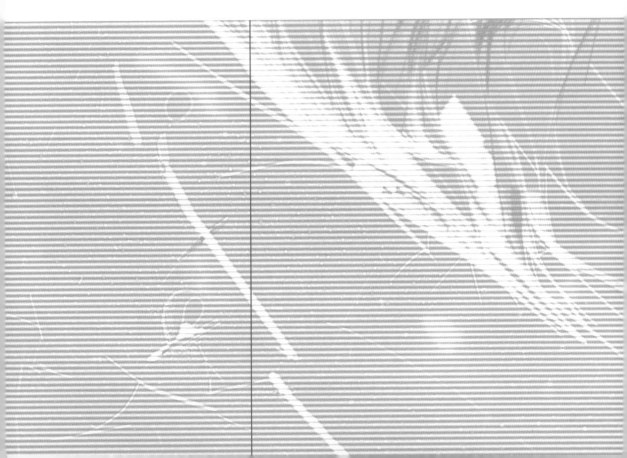

1 情報メディアとコミュニケーション

1 コミュニケーションの媒体

　情報は，収集され，整理・分析され，表現され，伝達されて，人に届く。例えば，新聞記者は取材を通して記事を収集した後，その内容を確認する調査や分析を行う。その後，文章や画像を使って表現し，外に向けて発表する。情報は社会に向けて提示されることで，人に新しい知識を知らせたり，喜びを与えたり，行動を起こさせたりする。表現されていない情報，また表現されても，伝達されていない情報は，そのような働きをもちえない。表現し，伝達するためには，次の媒体（メディア）が必要になる❶。

- 情報を表現するためのメディア
　文字，図，写真，音声，映像
- 情報を伝達する土台となるメディア
　新聞，雑誌，ラジオ，テレビ，インターネット（Web）

　20世紀後半，コンピュータを使った情報通信技術（ICT❷）が発展した。ICTの基本には，データのディジタル❸化技術が大きくかかわっている。文字，図，写真，音声，映像など従来からある情報を，コンピュータが処理しやすいディジタル情報として扱えるようになった。そして，コンピュータを制作ツールとして使い，文字，図，写真，音声，映像を複合的に用いて編集することで，統合メディアとしての**メディアコンテンツ**(content)が生まれた。ただ，写真や映像を高い精度でディジタル情報として保存しようとすると，非常に大きな記憶容量が必要な上に，コンピュータのデータ処理速度も高速なものが要求される。21世紀に入り，一層のICTの進歩により，高い画像処理能力をもつコンピュータが一般にも普及し，コンピュータが伝達のためのメディアとして広く使われるようになった。

　コンピュータが情報伝達の土台となる以前，メディアは，新聞や書籍のように静的で，またラジオや映画のように一方向のものであった。ICTが発達し，コンピュータを使って，情報を制作，閲覧，再生，体験するようになったことで，今までにない特徴である**双方向性**がもたらされた。

　伝達されたメディアコンテンツを再生，体験する土台となるコンピュータの重要な特徴は，それを使う人との間の双方向性，つ

---

❶ このほかに，情報を保存する手段としての媒体がある。DVD，CD，フラッシュメモリ，ハードディスクなどの記憶メディアである。

❷ ICT (Information and Communication Technology)

❸ ディジタルとは，データを整数のような離散的な数値で表すこと。コンピュータの中では，すべてのデータが2進数の数値（つまり0と1）に変換されて保存，処理される。

まり相互作用（インタラクティブ）性である。これはユーザが入力（指示）し，コンピュータが処理を行い，その結果を出力するという，コンピュータが本来もっている特徴でもある。加えて，マウスやタッチパネルのような直観的な操作を可能にした入出力
5 装置の発達により，高度な対話性が可能になり，その特徴が強化された❶。その結果，ICT が生み出すメディアコンテンツは，動的で，インタラクティブな特性をもつ（図1）。複数の表現メディアが統合されただけでなく，相互作用性を獲得したことで，ICT 以前のメディアとは別の機能が生まれることになった。それ
10 が双方向のコミュニケーション❷である。

図2にあるように，送り手は「伝える意味」から情報を取り出し，論理的に構造化する。具体的にどう表現するかを企画し構想するプロセスである。続いて，情報は目に見える"かたち"に加工され，編集され，メディアコンテンツとして統合される。それ
15 を受け手が視覚や聴覚などを通して認知する。ここでは，単に一方向から見たり聞いたりするだけでなく，表現されたものに受け手が働きかける双方向の対話が起こる。その過程を経て，受け手は解釈し，伝える意味を知る。送り手が意図した意味と，受け手が解釈した意味とが共通のものであれば，コミュニケーションが
20 成立する。このプロセスを経て，表現メディアが伝える意味が，人に新しい知識や意識，行動をもたらす。

❶ このような周辺装置の発展だけでなく，文字，図，写真，音声，映像などをコンピュータで操作できるようにするソフトウェアの技術の開発も大きく寄与している。

❷ コミュニケーションという言葉は，ラテン語の「共通」を意味するコムニス commun (is) という語幹に，その語源があり，一般に態度，感情や思考の交換によって情報を伝達する行為をさす。

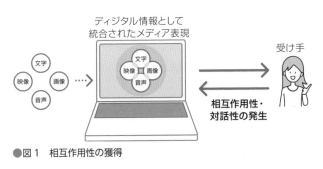

●図1　相互作用性の獲得

●図2　表現メディアによるコミュニケーション

2 メディアコンテンツの分類

表現メディアの要素には，文字，画像（図，イラスト，写真），音声，映像（ビデオ画像，アニメーションなど）があり，それらを統合して，さまざまな形態のコンテンツが作り上げられている。メディアコンテンツは，その形態から次の3種類に分類される。

▶ 1 スタンドアロン型

独立したコンテンツとして，CDやDVDなどに記録された形で（図1），あるいはネットワークを介して販売（配布）される[1]。パソコンや携帯端末などのコンピュータによって再生され，基本的にひとりで閲覧，使用する。映像，電子書籍，ゲームやアプリなどがこれに属する。

▶ 2 ネットワーク型

ネットワークに接続した状態のパソコンや携帯端末によって，閲覧，使用する。ネットワークを通じて常時データ（コンテンツ）を得る。Webサイト，オンラインゲーム（ネットワークゲーム）がこれに属する。

▶ 3 イベント型

劇場，遊園地，美術館などに設置され，専用の装置を使って上映される。その場にいる人とともに鑑賞し，体験する。遊園地でのアトラクション，美術館での展示などがこれに属する（図2）。

上のように分類されるメディアコンテンツは，次のような幅広い目的をもって制作，提供されている。

- 学校教育や企業内教育の教材
- 会社や組織の紹介，宣伝
- エンターテイメント
- 製品やサービスに関する情報提供
- 商品やサービスの提供（販売や銀行取引）
- 公共情報の提供（政府，行政，医療，図書館，交通機関）
- 芸術作品の発表

ここにあげた目的は，今までに制作されたメディアコンテンツの目的の主たるものであり，今後さらにいろいろな活用方法が生み出され，その目的も多岐にわたっていくと予想される。

---

[1] 販売（配布）の方法によって，パッケージ型，ダウンロード型，ストリーミング型の分類がある。CDやDVDなどに記録された形のコンテンツをパッケージ型，配信用Webサイトからコンテンツを転送し，自分のパソコンや携帯端末に保存した後，再生するものをダウンロード型，ネットワークに接続した状態で逐次断片のデータを受け取りながら保存せずに再生するものをストリーミング型と呼ぶ。

●図1　DVDコンテンツ

●図2　イベント型メディアコンテンツの展示

3 インターネットを利用した情報表現

ネットワーク型のコンテンツである Web サイト[1]は文字や画像，音声や映像などの表現要素を組み合わせて，編集統合されたメディアコンテンツである。スタンドアロン型のコンテンツも宣伝や配信のために Web サイトを使う。Web サイト上で情報表現をしようとする場合，次のような形態がある[2]。

▶ 1 Web サイト

Web ページを独自に制作し，独立したサイトとして用意した Web サーバから公開する。会社や組織の公式情報提供サイトの多くはこの形をとる。HTML[3]（Hyper Text Markup Languege）などの制作知識が必要であるが，自由なページデザイン，構成，機能をもつサイトを作成できる。

▶ 2 ブログ (blog)[4]

サービスを提供する会社にユーザとして登録した後，その会社の Web サイトを介して文字，画像，動画などの情報を公開する。公開した情報は誰もが閲覧できる。個人の日常の体験や考えを載せた日記的情報を，Web ページ制作の知識がなくても公開できることで広く使われるようになった。サービス会社が提供するページデザイン，機能の範囲内で作成する。

▶ 3 SNS (Social Networking Service)

サービス運営会社にユーザとして登録した後，その会社の Web サイトを介して文字，画像，動画などの情報を，提供される機能を使って公開する。他の人が公開する情報を見るには会員登録が必要という点でブログと区別される[5]。個人どうしの情報共有に利用されるだけでなく，政府機関，地方自治体，企業などが情報発信や対象となる人とのコミュニケーションに活用している。

▶ 4 画像・動画共有サービス

サービスを提供する会社にユーザとして登録した後，その会社の Web サイトから写真や動画を投稿することで，不特定多数の人と共有する。単に動画を配信するだけでなく，実際のイベントの開催と連携したり，視聴者のコミュニティ形成を促したりなど，新しいコミュニケーションの形態を生み出している。

▶ 5 知識共有サイト

百科事典サイト，互いの質問に答える Q&A サイト，レシピなど特定情報を共有するサイト，サービスや商品の口コミサイトがこれにあたる。

---

[1] Web サイトには，ICT が生み出した特徴である双方向性が顕著に表れている。内容を動的に変化させながら表現するとともに，ユーザの入力に応答し，情報を変化させる。コンテンツは Web サーバ上に置かれ，インターネットを通して Web ブラウザへ送られる。

[2] 次の 2 から 5 は，新聞，テレビ，映画などの産業メディアに対して，ソーシャルメディアと呼ばれる新しい形式の Web サービスである。そのサービスを通して多方向のコミュニケーションが起こり，時には情報の爆発的な拡散を生み出す。

[3] HTML については，p.154 を参照。

[4] Web 情報の記録 (log) を取るという意味で Web log（ウェブログ）と呼ばれ，それが省略されて blog となった。

[5] ブログは公開制限が設定されていなければ，誰でも閲覧できる。一方，SNS は会員のみが閲覧できる。

2 Webコンテンツ

1 Webコンテンツの特性

　文字，画像，音声，映像などの表現メディアによって表現されたWebサイト上の情報全体を総称して，Webコンテンツと呼ぶ。その対話性を活かして新しいコミュニケーションを創り出すWebコンテンツには次のような特徴がある。

▶ 1 "使う"コンテンツ

　Webコンテンツは，関連する内容が相互にリンク❶され，関心に応じて「読む」「聞く」「見る」ことができる。さらに，Webサイトは単に一方向の情報伝達とは違う側面をもち，リンクによる応答だけでなく，アプリ機能を埋め込むことで，動的な相互作用性をもたせることができる。つまり，Webコンテンツは「使う」対象であり，コミュニティのメンバ（知人や共通の関心をもつ仲間）どうしのコミュニケーションの手段ともなる。

▶ 2 更新の容易性

　ディジタル化され，Webサーバ上に置かれたコンテンツは簡単に変更ができる。組織や個人が制作し，公開しているWebサイトは，古い情報の更新や，新しい内容の追加が即時に行える。つねに新しい情報が伝達される反面，送り手の都合や判断でいつなくなってしまうかわからない，不安定なコンテンツである。

▶ 3 情報の質の落差

　スタンドアロン型やイベント型のメディアコンテンツ，またネットワーク型のうち公共性の高い組織，規模の大きな組織のWebコンテンツは，その組織が企画し，チームによって制作される。コンテンツの送り手は，資金力や影響力のある限られた立場の人（組織）である。一方，Webコンテンツの制作技術が発展し，個人でも容易にWebコンテンツを制作し，公開することが可能になった。さらにSNSなどのソーシャルメディアによって，誰でも簡単に自分の経験や意見をWeb上に公表できる環境が用意されている。これはコミュニケーションの出発点である情報の送り手が拡大したことを意味し，画期的なことである。
　しかし，その結果発信される情報の信頼度に差が生じることとなった❷。組織が制作する場合は企画や制作の段階で内容の吟味

---

❶ ハイパーリンクと呼ばれる機能。この機能をもつ文書が，ハイパーテキスト（Hypertext）である。Webページはハイパーテキストとして作られ，HTTP（HyperText Transfer Protocol）という通信方法（プロトコル）を使って，インターネット上でデータをやり取りする。

❷ 作り手の技量やミスのために生じる信頼性の欠如ばかりでなく，故意にウソの情報を流したり，他人のコンピュータに障害を与えるプログラムを実行するなど，悪意のあるWebサイトも存在する。

や質のチェックが行われるが，個人が制作するWebコンテンツでは独自の判断で公開できる。さらにSNSや口コミサイトには個人的な見解が集積されている。このような状況を理解したうえで，受け手がコンテンツの質を十分見極める必要がある。

▶ 4 役割の二重性

Webコンテンツでは，受信者であると同時に発信者でもあるという役割の重複が起こる。これは，誰もがWebページを制作・公開して情報の発信者となりえるという意味だけではない。Webコンテンツに人々が参加し，「共同の活動」をすることで，受信者と発信者の役割を同時に担うという特性がある。

例えば，通販サイトのカスタマーレビュー（図1），さまざまなサービスや商品の口コミサイト（図2）では，多くの評価情報が蓄積されている。消費者が情報発信することで，自分の経験に価値が生まれる。また，著作権の保護期間が終了した文学作品や著作権者が許可した作品をディジタルテキストにして公開している青空文庫では，工作員・耕作員と呼ばれるボランティアがテキストデータの入力や校正を担っている（図3）。Webコンテンツの利用者は情報の消費者であるとともに，同時に生産者でもある。

▶ 5 集合知

情報の消費者が生産者となって情報を生成していく特徴をもつメディアをCGM (Consumer Generated Media) と呼ぶ。専門家の意見でなく，一般の利用者の知識や意見がCGMを通して発信され，それらの情報を集積あるいは加工することで，新たな価値が生まれる❶。そこで生成される情報は集合知と呼ばれ，CGMに分類されるWebコンテンツの特徴になっている❷。インターネット上の百科事典ウィキペディア (Wikipedia) はCGMの一つで，利用者が項目の説明を編集し，利用者どうしがその内容を確認し，必要であれば自由に追加や修正をすることで，中立的観点に基づく誤りのない記述をめざす。多くの一般人が知識と善意をもって参加し，協働しながら情報を編集するという，基本的な信頼の元で運営されている。

●図1　amazonのカスタマーレビュー

●図2　口コミサイト（老人ホームマップ）

●図3　青空文庫

❶ 一般の利用者により生成されたコンテンツのことをユーザ制作コンテンツUCC (User Created Contents) という。

❷ CGMに分類されるWebコンテンツには，SNS，動画共有サービス，ブログ，口コミサイトなどがある。

章末演習問題

1 印刷された書籍と同じ内容の情報をWebサイトとして作成し，公開することを考える。Webサイトを使うことで，どのような新しい機能が生まれるか考えて，リストアップしてみよう。

2 表現メディアを使って，情報を伝達し，コミュニケーションする手段の特性を比較する。次の表に，各項目の特性がとても高いか（◎），高いか（○），中程度か（△），低いか（×）を記入しなさい。

比較項目＼手段	書籍	電子メール	地方自治体のSNS	口コミサイト	企業の公式Webサイト
情報の質					
対話性					
即応性					
検索性					
安定性					
コミュニケーションにおける能動性					
発信者の特定度					

3 ウィキペディアと出版社の発行する百科事典の内容を比較してみよう。同じ項目に対する説明文を次の観点から比較しなさい。

  a. 内容の正確さ，誤り
  b. 必要な情報の過不足
  c. 構成の適切さ
  d. 説明に使われている用語の適切さ
  e. 読みやすさ

Chapter 2

2 章
視覚表現の要素

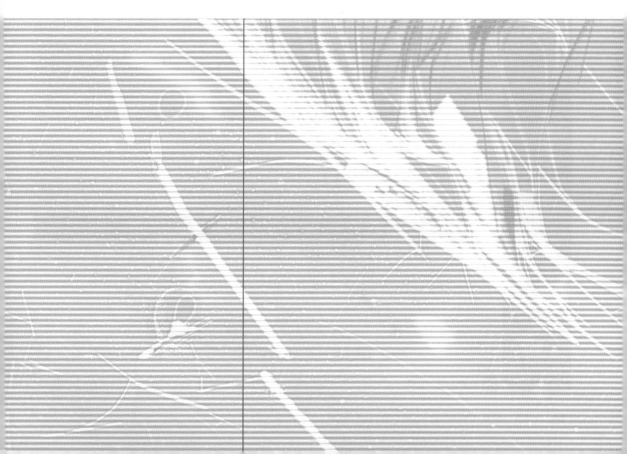

1 形態

1 点・線・面

目に見える形をつくること，すなわち造形に取り組むとき，造形を構成するさまざまな要素について理解をしておくことが重要である。ここでは，点・線・面という基本的な造形の構成要素を取り上げ，その性質やコンピュータでディジタル処理される際の特性について考える。

▶ 1 点

点は，それ以上に小さくしたり，分割したりすることのできない，造形要素の最小単位である。数学の世界では，単に位置を表すもので大きさをもたないものであるが，造形要素としての点は，位置を表すと同時に大きさをもっている。

鉛筆で紙の上に描いた点は，単に位置だけを表すものではなく，必ずそこに大きさが存在する。造形的な観点では，画面の大きさ，使用する画材，画面と視点の距離といった条件によって点に対する認識が変化する。そうした条件の中で，取り扱うことのできる最小の要素が，点ということになる。

では，コンピュータで処理するディジタルな造形の世界で，点はどのようなものか。それは，**ピクセル (画素)** ❶ と呼ばれる正方形が最小単位であり，それを点としてとらえることができる。画像処理をする**ペイント系ソフトウェア**❷ の Photoshop を使って，確認してみよう。

Photoshop の鉛筆ツール (図 1,2) を使って，点を描いてみる (図 3)。描かれた微細な点，これがピクセルである。ズームツール (図 4) を使って拡大表示すると，ピクセルが正方形であることが確認できる。

❶
ピクセル (pixel)
Picture のアメリカ俗語である pix と element という語を組み合わせた合成語。

❷
ペイント系ソフトウェア
Adobe Photoshop に代表される画像処理ソフトウェアの多くは，ラスター形式というピクセルによる色面の集合体として画像イメージを取り扱う。
一つひとつのピクセルに対して，色についての情報であるビット数をマッピング (配置) していることから，ビットマップと表現されることもある。

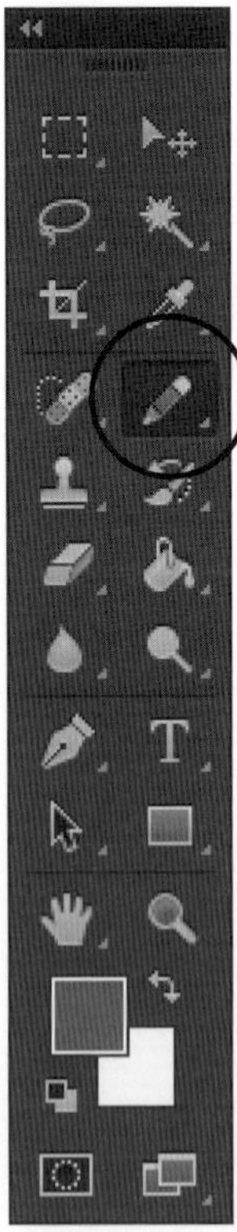

●図 1
Ps 鉛筆ツール

●図 2　Ps 鉛筆ツールオプションの設定

●図 3　Ps 鉛筆ツールで点を描く

●図 4　Ps ズームツール

▶ 2　線

　Photoshop の鉛筆ツールで描いた点を次々と横に並べると，点が連続することによって線が現れる。
　線は，数学的には位置と距離（長さ）を表し，幅（太さ）はないものであるが，造形的には点と同様に，位置と距離に加えて幅の要素をもっている。そして，やはり点と同様に与えられた条件との相対的な関係から，線は線として認識される。

▶ 3　アンチエイリアシング

　Photoshop で描く線には，ピクセルが整然と並ぶことによって表されるがゆえの特徴がある。鉛筆ツールで，水平・垂直な線（図 5）は均一な幅を保って描くことができるが，斜線や曲線（図 6）は，階段状にギザギザした状態で描かれてしまう。こうした粗い印象を与える線の状態を，ジャギーやエイリアシングなどという。
　ブラシツール（図 7, 8）で描いた斜線（図 9）は，描画色（線を描く色）でピクセルを階段状に塗ると同時に，背景色（背景の画面の色）との中間の色で線の周囲を塗っている。このように，描画色と背景色の中間色のピクセルを加えることによって，線をぼかした印象にし，見た目でジャギーを感じさせないようにすることを**アンチエイリアシング**という。

●図 5
Ps 鉛筆ツールで直線を描く

●図 6
Ps 鉛筆ツールで斜線を描く

●図 7　**Ps** ブラシツール

●図 8　**Ps** ブラシツールオプションの設定

●図 9
Ps ブラシツールで斜線を描く

1 節　形態

▶ 4 面

点が連続すると線が現れ，線が連続するとそれは面となる。また線の交差や囲みによっても面が生まれる。それまでの点や線がもっていた位置と距離に加えて，面は量の要素をもっている。

ピクセルを「形を構成する最小単位であり，点としてとらえることができる。」と述べたが，ピクセルは点であり，面であるともいえる。やはりここでも，与えられた条件との相対的な関係が影響する。

造形の基本要素としての面は，点や線と同様にそれらが用いられる画面の大きさ，どういった画材でどのような状態で描かれるか，また描かれたものを見る視点との距離などの関係の中で，明確な境界をもっているのではなく，あいまいに変化するものである。

新規ドキュメントを作成し，多角形選択ツール（図10,11）を利用して斜線を含んだ面を選択してみよう。

● 図10 Ps 多角形選択ツール 　● 図11 Ps 多角形選択ツールオプションの設定

● 図12 Ps 塗りつぶしツール

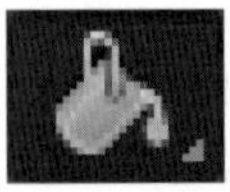

● 図13 Ps 塗りつぶしツールオプションの設定

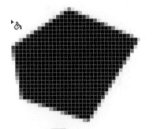
● 図14 Ps 塗りつぶしツールで面を描く

選択された面を塗りつぶしツール（図12,13）で，塗りつぶしてみる（図14）。このときに，ツールオプションの設定項目にある[アンチエイリアス]を有効にした場合，線の表現と同様，ジャギーを目立たなくさせることができる。

演習問題

■ピクセルアートでキャラクターを描く

　ピクセルアートとは，限られたピクセル数の中でイメージ表現を行うことである。コンピュータのデスクトップに配置されたアイコンや，ビデオゲームのグラフィックスなどに見られ，ドット絵などとも呼ばれる。

　ペイント系ソフトウェアの鉛筆ツールやブラシツール，多角形選択ツール，描画色と背景色の設定などを用いて，幅64ピクセル×高さ64ピクセルのピクセル数（図15）で，学校やクラスのマスコットキャラクターをテーマに，ドット絵を描こう（図16）。

　キャラクターの設定については，人物，動物・植物・モノの擬人化など，さまざまなものが考えられる。点・線・面の基本要素，アンチエイリアシングの効果などを考慮しながら，イメージを視覚化してみよう（図17）。

　制作の最初の段階では，64×64マスの方眼紙などを利用して，キャラクターの下描きを行うこと。

　ソフトウェア上ではグリッドを表示❶して描画作業を行うと，下描きのイメージに近く描けるであろう。

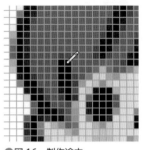

●図16　制作途中
（鉛筆ツールでの描画）

●図17　演習作例

❶
グリッドを表示
p.30を参照。

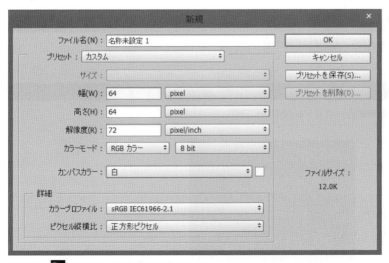

●図15　Ps 新規ドキュメントのサイズ設定

2 幾何形態

数学的な原理や法則に基づいて，形づくられる面を幾何形態という。幾何形態は数理的根拠によってつくられる造形のために，形態の要素が整理され明確な印象を与えるものが多い。

基本的な幾何形態である長方形，楕円形，多角形について，コンピュータ上での描画方法を確認していこう。

▶ 1 長方形

長方形を Photoshop で描くには，長方形選択ツール(図 1,2)を用いて選択した範囲を，塗りつぶしツールで塗りつぶす。長方形選択ツールのツールオプションの設定項目である[スタイル]のポップアップメニューから[縦横比を固定]を選択すると，長方形の縦横比を指定した任意の長方形が描ける。また，同メニューから[固定]を選択すると，サイズ指定をすることもできる(図 3)。

また，**ドロー系ソフトウェア**[1]の Illustrator では，長方形ツール(図 4)を用いたドラッグで任意の大きさの長方形を，またクリックで長方形ダイアログボックスが開くので，そこで幅と高さのサイズを指定することもできる(図 5)。

● 図 1　Ps 長方形選択ツール

[1] ラスター形式のペイント系ソフトウェアに対して，ベクター形式を採用するものはドロー系ソフトウェアといわれ，Post Script（ポスト・スクリプト）というページ記述言語に対応した Adobe Illustrator などが代表的である。
アンカーポイントと呼ばれる点の座標をもとに，点と点が結ばれると線に，線が閉じると面になり，形態に応じてアンカーポイントの情報が生成される。

● 図 2　Ps 長方形選択ツールオプションの設定

● 図 3　Ps 長方形選択ツールオプションでのサイズ指定

● 図 4　Ai 長方形ツール

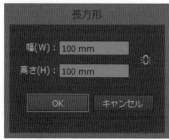
● 図 5　Ai 長方形ツールでのサイズ指定

▶ 2　楕円形

　楕円形をPhotoshopで描くには，楕円形選択ツール（図6）を用いて選択した範囲を，塗りつぶしツールで塗りつぶす。長方形選択ツールと同様に，縦横比やサイズ指定をすることも可能である。

　楕円形をIllustratorで描くには，楕円形ツール（図7）を用いる。サイズ指定は長方形ツールと同様である。

●図6　Ps　楕円形選択ツール

●図7　Ai　楕円形ツール

▶ 3　多角形

　多角形を描く場合，Photoshopでは前述のとおり，多角形選択ツールと塗りつぶしツールを用いる。

　Illustratorでは，ペンツール（図8）を用いて任意の位置をクリックしていくと，直線の連続として自由な多角形を描くことができる（図9）。また，多角形ツール（図10）を選択して任意の位置でクリックすると，数値で指定した正多角形（図11）を描くことができる。

●図8　Ai　ペンツール

●図9　Ai　ペンツールで多角形を描く

●図10　Ai　多角形ツール

●図11
Ai　多角形ツールでのサイズ指定

▶ 4　オブジェクト操作

　Illustratorで描かれた図形は，**オブジェクト**と呼ばれる。パスファインダーという機能を利用すると，複数のオブジェクトを合成したり，分割したりすることができる。パスファインダーパネル（図12）は[ウィンドウ]メニューの[パスファインダー]で表示・非表示が切り替えられる。

●図12
Ai　パスファインダーパネル

3 有機的形態

　幾何形態の数学的規則性に対して，規則性に縛られない自由な形態を，有機的形態として分類する。幾何形態のシャープさとは対照的に，有機的形態には生命感や躍動感，繊細さや柔らかさといった印象が感じられるであろう。

▶ 1　有機的形態の分類

　有機的形態の中でも，その形態の特徴からさらに分類することができる。
・抽象形態…幾何形態の規則性を残した抽象的な形態（図1）
・自然形態…自然界に存在する形態を想起させる具体的な形態（図2）
・オートマティック…自動的，偶発的に生成される形態（図3）

●図1　抽象形態

▶ 2　フラクタル

　自己相似形を指すフラクタル（fractal）とは「自然界に存在するあらゆる事柄は，その事柄の全体とある一部分は似た面を持つ。」という理論である。似てはいるけれど同じではない，繰り返しているけれど単純な反復ではない，そうした自然に多く見られる偶発的な形態を，計算式によって表現しようとするものである。

　自然界にある偶発的な形態には，海岸線，山並み，雲，稲妻，地面のひび割れ，河川，樹木，脳のしわ，血管の枝分かれといったものがあげられるが，これらはフラクタル理論によって視覚化されるフラクタル図形としてとらえることができる（図4）。

　フラクタル図形の作図例としては，コッホ曲線（図5）などがある。フラクタル理論によって描かれる形態は，数学的な計算を繰り返して成長する。この計算による作図は，コンピュータ本来の機能を視覚的に表すことでき，初期のコンピュータグラフィックスとして，数多くの静止画やアニメーションが発表された。

●図2　葉のシルエット

●図3　インクのしみ

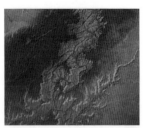
●図4　グランドキャニオンの航空写真

▶ 3　機器を利用した画像入力と形態への変換

　画像入力機器であるイメージスキャナやディジタルカメラを利用すると，身の回りのさまざまなものを画像として取り込み，ディジタルデータによる平面的な形態に変換することができる。幾何形態は，ソフトウェアのツールを用いることで比較的簡便に描けるが，有機的形態は，実際のものの形を取り込み，そのデータを元にして描くことが有効である。

　スキャニングや撮影の際には，対象物そのもののもつ色と背景の色の差や明るさの差を大きくしておくこと。すると，Photoshopでは自動選択ツール（図6,7）を使って比較的容易に対象の輪郭線を選択することができる。自動選択ツールは，選択した箇所のピクセルがもっている色の情報を認識して，その色の情報と近い範囲のピクセルをまとめて選択することのできるツールである。

　自動選択ツールによって自動的に輪郭線を選択することが困難な場合は，多角形選択ツールなどを用いて輪郭線をトレースしていく。このとき [選択範囲に追加] や [現在の選択範囲から削除] のツールオプション（図8）を使用するとよい。このツールオプションは，選択にかかわるすべてのツールに共通して利用することのできる機能である。

　また [選択範囲] メニューにある [選択範囲を反転]，[境界をぼかす]，[選択範囲を変更] といったメニューも，ツールによる選択に加えて使用することができる。

　形態が選択できれば，[編集] メニューの [塗りつぶし] を利用して，選択範囲を任意の単色にする。[選択範囲の反転] で背景部分を選択し消去すると，背景部分は背景色で塗りつぶされ，描画色と背景色による形態の描画が完成する。

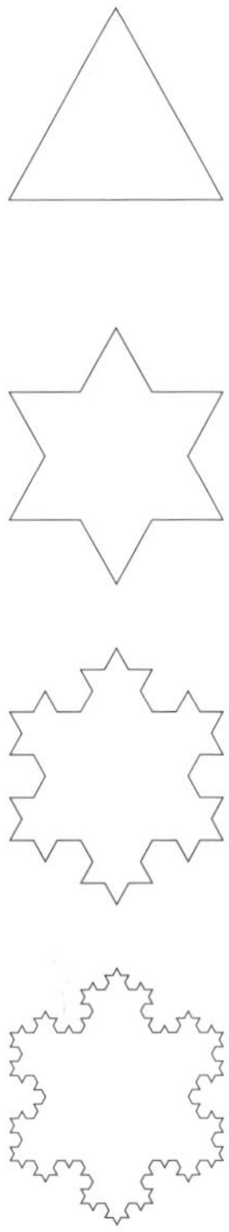

● 図5　コッホ曲線

● 図6　**Ps** 自動選択ツール

● 図7　**Ps** 自動選択ツールオプションの設定

● 図8　**Ps** 多角形選択ツールオプションの設定

4　形態と知覚の傾向

20世紀初めに提起されたゲシュタルト心理学 (Gestalt Psychologie)❶では，人間の知覚において多数の刺激が存在するとき，それらは個々に知覚されるのではなく，より大きな範囲のいくつかの群として知覚される傾向があり，そのまとまりを決定するものをゲシュタルト要因 (Gestalt Factor) と呼んだ。

ゲシュタルト要因には，以下のような知覚の傾向が見られる。

▶ 1　図と地 (Figure-Ground Relationship)

形や色の視覚的要素は「図 (焦点を合わせる対象)」あるいは「地 (その他の知覚域)」のいずれかとして知覚される。

ルビンの壺 (図1) で有名なエドガー・ルビンは図と地を特徴づける性質を次のようにまとめている。

・図は「もの」の性質をもち，区切られており，地より近く見える。
・図は閉じられ，輪郭で分離され，形をもつ。
・地は「材質」の性質をもち，図より遠く見え，図によって部分的に遮断される。
・地は境界で区切られず，開かれている。

▶ 2　近くにある (Proximity)

近くにある要素どうしは，離れている要素どうしよりも，より関係が深いと認識される。近くにある要素は相互に一つのかたまり (チャンク) と見える (図2)。

▶ 3　似ている (Similarity)

類似性のある要素どうしは，類似性のない要素どうしよりも，関係が深いと認識される。似た性質をもつ要素は距離が離れていても，強い関係性をもつ (図3)。

❶
ドイツの実験心理学者であるヴィルヘルム・ヴント (Wilhelm Max Wundt, 1832年—1920年) を中心に，20世紀初めに提起された心理学の学派で，その名は全体性をもったまとまりある構造を示すドイツ語の「ゲシュタルト (Gestalt：形態)」にちなむ。

●図1　図と地 (ルビンの壺)

●図2　近くにある

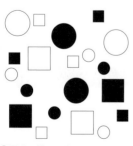

●図3　似ている

▶ **4 閉じた形に見える**(Closure)
　個別の要素から成る一連の情報を，複数の個別の要素としてではなく，一つの認識可能な形(パターン)として知覚する傾向。バラバラに見える要素に，足りない情報を補って，より単純な閉じた形として認識する(図4)。

▶ **5 なめらかに続く**(Good Continuation)
　直線やなめらかな曲線上に配置された要素は，まとまりとして知覚され，直線や曲線上に配されない要素よりも，要素間に関連性があると解釈される(図5)。

▶ **6 線や面でつながる**(Uniform Connectedness)
　一定の視覚的要素(線，面，色など)によって結合された要素どうしは，結合されていない要素どうしよりも関係が深いと認識される(図6)。

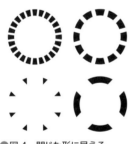
●図4　閉じた形に見える

●図5　なめらかに続く

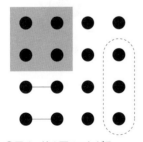
●図6　線や面でつながる

演習問題

■ビジュアルイメージの採集

われわれの身のまわりを観察し，ゲシュタルト要因としてとらえられる知覚の傾向をもつビジュアルイメージを，ディジタルカメラで撮影し採集してみよう。

撮影されたビジュアルイメージは，どの知覚の傾向を選択し，どのようにとらえたのかを説明する文章も添えること（図7）。

●図7　演習作例（似ている）

■シルエットクイズ

さまざまなものの形態を抽出して，身のまわりにあるものの中に隠れている多様な形と，その魅力を再発見しよう。

イメージスキャナやディジタルカメラを利用して，身のまわりのさまざまなものを画像として取り込む（図8）。Photoshopを利用して，画像データの中の特定のものの形のみを選択して，黒く塗りつぶす。選択範囲を反転して削除によって背景を白くすると，シルエットとして平面的な形態が完成する（図9）。

クラスの中で複数完成したさまざまなシルエットを相互に鑑賞し，元のものを当てるクイズを行ってみよう。

●図8　画像の取り込み

●図9　演習作例

5 形態の変形

　コンピュータを用いてディジタルデータとして画像を取り扱うということは，数値として形態の情報をコントロールするということである。これは，ペイント系，ドロー系のいずれのソフトウェアにも共通している。ハンドワーク（手作業）で描くと手間のかかる操作も，数値として演算することで容易にさまざまな変更を試みることができ，ディジタル処理の大きな長所といえる。

▶ 1 移動

　Photoshop では，選択したピクセルを移動ツール（図 1）で任意の位置に移動させることができる。

　Illustrator では，選択ツールで選択したオブジェクトを任意の位置に移動させることができる。また[オブジェクト]メニューの[変形]→[移動]を選択すると移動ダイアログボックス（図 2）が開き，移動距離を数値入力で指定することができる。

▶ 2 拡大・縮小

　Photoshop, Illustrator ともに，バウンディングボックス❶の機能で，選択したピクセルやオブジェクトを任意のサイズに拡大・縮小することができる。ピクセルやオブジェクトの角または，辺の中央に表示されたポイントをドラッグして実行する。

　Photoshop では[編集]メニューの[変形]→[拡大・縮小]を選択すると，ツールオプション（図 4）で，拡大・縮小率を数値入力で指定することができる。

　また，Illustrator でも[オブジェクト]メニューの[変形]→[拡大・縮小]を選択すると拡大・縮小ダイアログボックス（図 5）が開き，拡大・縮小率を数値入力で指定することができる。

● 図 1　Ps 移動ツール

● 図 2　Ai 移動

❶ バウンディングボックスの表示は，Photoshop では移動ツールのツールオプションの項目（図 3）として，Illustrator では[表示]メニューの[バウンディングボックスを表示]で表示・非表示の切り替えができる。

● 図 5　Ai 拡大・縮小

● 図 3　Ps 移動ツールオプションの設定

● 図 4　Ps ツールオプションの拡大・縮小

1 節　形態

●図6 **Ai** 回転ツール

●図7 **Ai** 回転

●図8 **Ai** シアーツール

●図9 **Ai** シアー

●図10 **Ai** リフレクトツール

●図11 **Ai** リフレクト

▶ 3 回転

　Photoshop では，[イメージ] メニューの [画像の回転] のサブメニューとして，カンバス (画像全体) を回転させるコマンドが用意されている。選択範囲のみを回転させたい場合は，[編集] メニューの [変形] のサブメニューにある [回転] を利用する。

　Illustrator では，回転ツール (図 6) を使用すると，任意の角度で選択したオブジェクトを回転させることができる。また [オブジェクト] メニューの [変形] → [回転] を選択すると，回転ダイアログボックス (図 7) が開き，角度を数値入力で指定することができる。

▶ 4 シアー

　シアーとは，選択したピクセルやオブジェクトを傾けて変形させる操作のことである。

　Photoshop では，[編集] メニューの [変形] → [ゆがみ] で，一辺のポイントをドラッグして変形することができる。

　Illustrator では，シアーツール (図 8) を利用する。また [オブジェクト] メニューの [変形] → [シアー] を選択するとシアーダイアログボックス (図 9) が開き，傾斜方向と角度を指定することができる。

▶ 5 リフレクト

　リフレクトとは，選択したピクセルやオブジェクトを反転させて鏡像を作成する操作のことである。

　Photoshop では，[編集] メニューの [変形] のサブメニューとして，選択範囲を反転させるコマンドが用意されている。

　Illustrator では，リフレクトツール (図 10) を利用する。また [オブジェクト] メニューの [変形] → [リフレクト] を選択するとリフレクトダイアログボックス (図 11) が開き，リフレクト軸の角度を指定することができる。

▶ **6 コピー,ペースト**

多くのソフトウェアで[編集]メニューに含まれているコピー,ペーストの機能は,任意のイメージを複製するものである。[コピー]は,選択した範囲のピクセルやオブジェクトの情報を記憶する。[ペースト]は,記憶している情報を新たに貼り付ける操作である。

▶ **7 ピクセル操作のフィルターメニュー**

Photoshop に用意された[フィルター]メニューを利用すると,ピクセルのもっている色情報や位置情報をコントロールし,画像のイメージやカラーに対してさまざまな効果を与えることができる。

それぞれのコマンドが,画像に対してどのような効果を与えるかは[フィルター]メニューの[フィルターギャラリー…](図12)で確認できる。

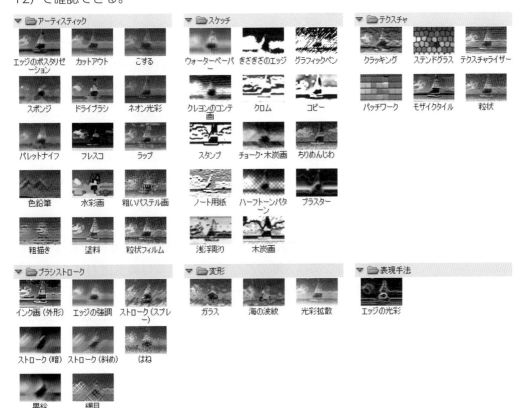

●図12　Ps フィルターギャラリー

1節　形態　27

2 配置

1 画面空間としての長方形

視覚的な表現を行うとき,際限のない空間を対象とすることは非常にまれで,ほとんどの場合は限定された空間の中に表現を行うことになる。ここでは平面を基本として,その画面空間となる長方形についてとらえ直していこう。

▶ 1 長方形のプロポーション

ひとくちに長方形といっても,長辺と短辺のプロポーション❶は無限に存在する。その無限にあるプロポーションの中で,数理的な根拠のある形を取り上げて確認する。

・**正方形**(図 1)

4 つの辺の長さと 4 つの内角の大きさが,それぞれすべて等しい四角形は正方形となり,短辺と長辺の比は 1:1 である。単純な形であるが,プロポーションの完全なる一致によって成立しているということで,安定感や均衡を保っていて,緊張感を感じさせる厳格かつ明快な形態といえる。

・**√̄矩形**❷(図 2)

短辺を 1 とするとき,長辺が√の値となるプロポーションを有する長方形のことで,無理数といわれる割り切れない値であるとき,そこにはあいまいさや数学的な連続性などを含んでいる。例えば$\sqrt{2}$矩形は,短辺を 1 としたとき長辺が 1.414…となるプロポーションの長方形である。

日本工業規格 (JIS) による A 判系列 (図 3),B 判系列の用紙規格は,$\sqrt{2}$矩形のプロポーションを有し,長辺を 2 等分してできる 2 つの長方形も$\sqrt{2}$矩形となる。

・**黄金矩形**(図 4)

黄金矩形は,短辺を 1 としたとき長辺が 1.618…となるプロポーションの長方形のことで,この比率は黄金比 (1:1.618…) ❸といわれる特別なプロポーションである。

黄金矩形の短辺を 1 辺とする正方形を取ると,残った長方形は黄金矩形となり,自己相似形のフラクタルにも通じる。

---

❶ プロポーション (Proportion)
2 つの量の関係を示す「比」の意味と,その「比」によって生ずる「調和・均衡」の意味がある。

●図 1 正方形

❷ 矩形の「矩」は直角の意味であり,直角四辺形,一般的に長方形といわれる形の別称。

❸ 黄金比 (Golden Section)
自然界にそのプロポーションを多く見ることができ,2 つの量 ab が,a:b=b:a+b という連続したプロポーションをもっている。その起源は古代エジプト文明にまでさかのぼることができ,ルネッサンス期以降の建築や絵画などに,黄金比を用いた造形を数多く見ることができる。

▶ 2 画面表示サイズ

ディスプレイでの画像表示エリアは，横4:縦3（図5）の比率や，横16:縦9（図6）のワイドスクリーンなどをはじめ，タブレット端末やスマートフォンの登場により，現在ではさまざまなプロポーションが存在する。画面のプロポーションについては，特にアスペクト比とよばれ，代表的なものは以下のとおりである❶。

❶
画角と解像度
p.82を参照。

● 表　画面サイズ

名称	解像度	縦横比	画素数
SVGA (Super Video Graphics Array)	800 × 600	4:3	480,000 画素
XGA (Extended Graphics Array)	1,024 × 768	4:3	786,432 画素
SXGA (Super Extended Graphics Array)	1,280 × 1,024	5:4	1,310,720 画素
FHD (Full-HD)	1,920 × 1,080	16:9	2,073,600 画素
WUXGA (Wide Ultra Extended Graphics Array)	1,920 × 1,200	8:5	2,304,000 画素
4K QFHD (Quad-Full-HD)	3,840 × 2,160	16:9	8,294,400 画素

ディジタルカメラで記録される画像データには，縦横比4:3や16:9といった上記のようなアスペクト比に加えて，縦横比3:2といった選択肢も用意されていることが多い。これは$\sqrt{2}$矩形に近いプロポーションで，撮影した画像をプリンタで出力する際に適した縦横比ということになる。

● 図2
$\sqrt{}$矩形（$\sqrt{2}$, $\sqrt{3}$, $\sqrt{4}$ $\sqrt{5}$）

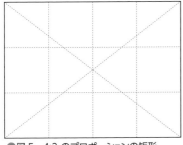

● 図5　4:3のプロポーションの矩形

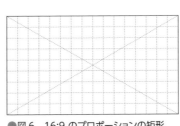

● 図6　16:9のプロポーションの矩形

● 図3　JIS A判系列

● 図4　黄金矩形

2節　配置　29

2　画面空間の分割

　構成とは画面空間を「分割」することと，分割された画面空間の中に表現する対象を「配置」すること，これら二つの操作に分けて考えることができる。感覚に頼りがちな視覚表現における構成を，数理的側面からとらえ直してみよう。

▶ 1　等量等形分割

　画面空間を等しい量と形で均一に分割することにより，その分割に沿って配置される形や色の視覚的要素には，強い統一感を与えることができる。このように等しい量と形で均一に分割することを，等量等形分割（図1）という。

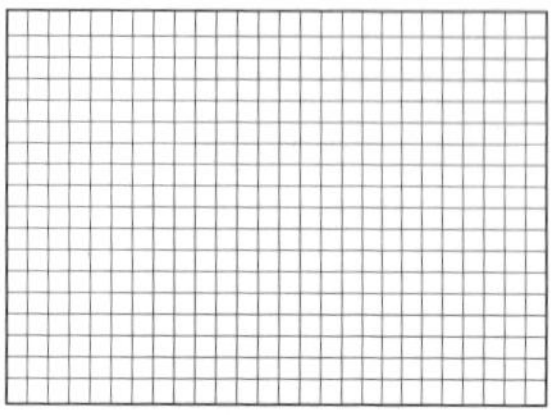

　Photoshop や Illustrator では，グリッド❶と呼ばれる格子状の仮想線を画面表示（図2）させることができる。このグリッドは，等量等形分割ということになる。これらグリッドには，スナップ機能があり，この機能を使用することで，きっちりとグリッドに沿ったレイアウト操作も可能になる。

●図1　等量等形分割

❶　グリッド
グリッドの表示には，Photoshop は［ビュー］メニューから，Illustrator は［画面］メニューから［グリッドを表示］で，それぞれ［グリッド］を選択する。グリッドは，画面に表示されるだけで，プリントした際に印刷はされない。グリッドによる画面分割サイズの設定は，Photoshop で［環境設定］→［ガイド・グリッド・スライス...］，Illustrator で［環境設定］→［ガイド・グリッド...］を選択して表示されるウィンドウで行うことができる。

●図2　Photoshop でのグリッド表示

▶ 2　プログレッシブ分割

　数列による一定の量で次第に増大あるいは減少する変化を用いて，画面空間を分割する手法をプログレッシブ分割（図3）という。プログレッシブ分割に沿って要素を配置することにより，規則性による統一感とともに変化によるリズム感や運動性など，造形表現に多元的な要素を持ち込むことができる。

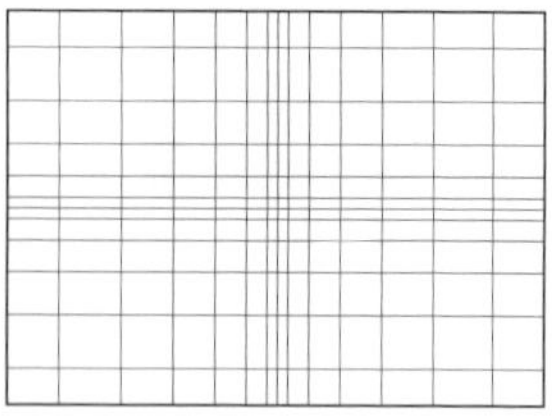

●図3　プログレッシブ分割

3 構図

　画面空間における形や色の視覚的要素の位置関係を構図という。そこには，配置されるそれぞれの要素の部分的関係と，画面空間全体と要素の集まりとの全体的関係がある。

▶ 1　1/3の法則

　トリミング❶などによって構図を決定する手法として，1/3の法則 (The Rule of Thirds) (図1) と呼ばれるものがある。画面空間を上下・左右それぞれ3等分し，そこにできる4つの交点に視覚的な特徴のある部分が位置するよう配置する。また，9つに分割されたエリアを意識したトリミングを行うことにより，視覚演出上の効果の向上を図るものである (図2)。

　画面空間を上下・左右それぞれ2等分し，中心線と中心点を意識することと併せて，構図を検討する上では，有効な手がかりとなる。

▶ 2　点，線，面の印象

　画面空間に形や色の視覚的要素を配置することで発生する効果について見てみよう。

・**中心点** (図3)

　画面の中心にある点は，静的な印象で安定感を感じさせる。均衡による緊張感も感じさせ，見る人の視点を誘い注目させる効果ももっている。

・**点の運動性** (図4)

　画面上部にある点は，重力の法則から，下へ落下するような動的な運動性が生じる。

　画面下部にある点は，運動の結果としての着地した安定感を感じさせる。

・**水平線** (図5)

　画面空間に対して水平な線は，静的な印象で安定感のある落ち着きや，安堵といったイメージを感じさせる。また，水平線や地平線を連想させるものでもあり，それを基準とする空間性が生じる。

❶ トリミング
画像処理などにおいて，撮影した画像データの全体から，画面内の特定の部分だけを切り取る操作のこと。

●図1　1/3の法則

●図2　1/3の法則を用いた例

●図3　中心点

●図4　点の運動性

●図5　水平線

●図6　垂直線

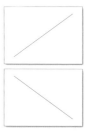

●図7　斜線

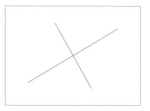

●図8　線端と交点

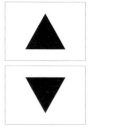

●図9　頂点（三角形と逆三角形）

・**垂直線**（図6）
　画面空間に対して垂直な線は，上昇や落下という力学的な要素をもって，強い緊張感を感じさせる。

・**斜線**（図7）
　斜めの線は，垂直線にも増して動的な印象を与えるといえる。視線の移動によって，上昇や増加，下降や減少のイメージとつながる。

・**線端と交点**（図8）
　線端には，実際の点はなくとも，印象としての点を感じ取ることができる。そして複数の線が交差するとき，そこには交点が生まれる。

・**頂点と接点，交点**
　面の中にも，点が存在する場合がある。頂点は幾何形態や直線の屈折によって生まれる（図9）。また複数の面が接するときや重ね合わされるとき，そこには接点や交点が出現する（図10）。

▶ **3　造形要素の集合**

　構図を検討する上で，形や色の視覚的要素の部分的関係と，画面空間の中での全体的関係をとらえることが大切となる。そのための検討すべきポイントを以下にあげる。

・**集合と単純化**（図11）
　構成の初期段階においては，個々の要素ごとに意識を向けるのではなく，各要素の集合体というひとかたまりの形として，画面空間との関係を考える方法が有効である。

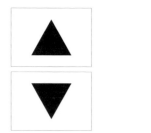

●図10　接点・交点

●図11　集合と単純化

・**ポジティブとネガティブ**（図 12）

　画面空間に形や色の視覚的要素を配置すると，配置した要素の形と同時に，画面空間にそれ以外の形が生まれる。ポジティブとネガティブの関係であり，ゲシュタルト要因における図と地の関係ともいえる。

　配置する要素に対しては，だれもが注意深く画面空間の中でのバランスを検討するであろう。しかし，そこで忘れてはならないのが，その要素が画面空間に置かれることによってできあがる，それ以外の形の存在である。

・**ホワイトスペース**（図 13）

　配置する要素のポジティブ（図）に対して，画面空間のネガティブ（地）の部分は，ホワイトスペース（余白）といわれる。

　各要素を集合体として単純化し，そのかたまりとしての画面との関係をつくるとき，ホワイトスペースによって補強される意図やニュアンスについても，感じ取ろうとする姿勢が大切となる。

・**グリッド拘束率**（図 14）

　画面分割のグリッドにどれだけ忠実に沿った配置を行うか，もしくはグリッドを意識しない自由で感覚的な配置を行うかによって，そこから受ける印象に違いが生じる。グリッド拘束率が高いと知的で静かな印象に，グリッド拘束率が低いと遊びを感じ，動きのある印象につながる。

・**ジャンプ率**（図 15）

　配置する形の中でも，特に文字の要素については，用いるサイズの変化の割合（ジャンプ率）によって，そこから受ける印象に違いが生じる。ジャンプ率が高いと遊びを感じ動きのある印象に，ジャンプ率が低いと知的で静かな印象につながる。

●図 12　ポジティブとネガティブ

●図 13　ホワイトスペース

●図 14　グリッド拘束率

●図 15　ジャンプ率

❶
色彩の三属性
p.36 を参照。

❷
グレースケール
Illustrator のカラーパネルにあるパネルメニューから選択することができるカラーモード。白 (0%) から黒 (100%) までの濃度で色指定を行う。

❸
ガイド
Illustrator のガイドは，画面に表示される整列用の補助線で，作図したオブジェクトに設定することができる。グリッドと同様，画面に表示されるだけで，プリントした際に印刷はされない。
ガイドの作成は，ガイドに設定したいオブジェクトを選択した状態で [表示] メニューから [ガイド] → [ガイドを作成] を選択する。

▶ 4　配置による効果

　画面分割の手法と組み合わせて，意図的な配置によって生まれる画面効果について，以下に考慮すべき観点を示す。

●表　配置による効果

観点	効果
共通性の観点	統一感，調和，シンメトリー (対称) など，整理された清潔で安定的な印象。
規則性の観点	連続する変化，比例など，規則性や基準をもって，動的で勢いを感じさせる。
運動性の観点	移動，リズム，反復など，時間の経過やサウンドを感じさせるような効果。
対比の観点	強弱，軽重，集中と分散など，イメージを対比させ，一方を際立たせる。
色彩の観点	濃淡の差，色彩の三属性❶，グラデーション (規則性をもった階調の変化) など。
3 次元空間の観点	奥行き，重なり，ずれなどによって，空間を感じさせる。

演習問題

1　平面構成

　Illustrator で，画面の分割と配置による平面構成のトレーニングをしてみよう。
　まず画面空間となる 200mm × 200mm の正方形の枠を描き，枠内を水平，垂直方向に直線で分割していく (図 16)。
　分割した線に沿うように，長方形ツールで矩形を描いて配置する。配置する矩形の塗りの設定は，グレースケール❷に限定。ガイド❸の機能を利用すると，分割線に沿った矩形が正確に描けるであろう。
　「上昇」と「下降」をキーワードとして，それぞれのイメージを表現した平面構成作品を制作してみよう (図 17)。

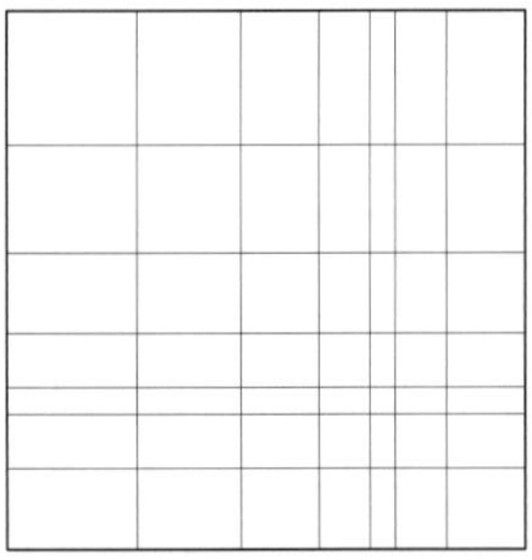

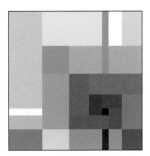

●図 16　画面分割の作業

●図 17　演習作例

2　Web ページのレイアウト解析

　任意の Web サイトのトップページを取り上げ，そのページのレイアウト（形や色の視覚的要素の配置状況）について調べてみよう。

　まずは，選択したページのスクリーンショットを撮り❶，画像データとして保存する。

　続いて，Illustrator で，[ファイル] メニューから [配置] を選択する。スクリーンショットの画像データを配置し，透明パネルで不透明度を 50% に下げる（図 18）。

　新規レイヤーを作成し（図 19），そのレイヤー上に要素の配置状況に合わせて矩形や線を描き，画面の分割と配置について探ってみよう（図 20）。

❶ 対象となる Web ページをアクティブウィンドウ（現在選択されているウィンドウ）にし，キーボードの [Alt] キーを押しながら [Print Screen] キーを押すと，スクリーンショットが撮れる。

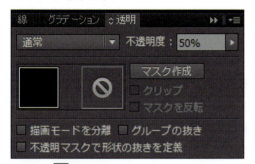

●図 18　　透明パネル

●図 19　　新規レイヤー

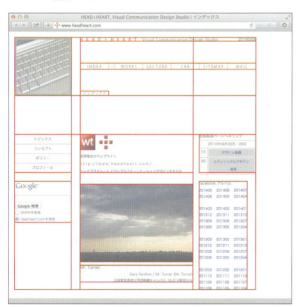

●図 20　演習作例

3 色彩

1 色彩の基礎知識

わたしたちは，太陽や照明などの光があってはじめて，そこにあるものの色を，目を通して認識することができる。色彩は光（光源），物体，視覚の三つの要素によって成り立っている。色彩も視覚表現を構成する基本的かつ重要な要素の一つである。

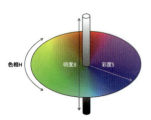

●図1　色彩の三属性

▶ 1　色彩の三属性（HSB）

色を大別すると，有彩色と無彩色に分けることができる。**色相（Hue），彩度（Saturation），明度（Brightness）**の三つを色彩の三属性という。これらの属性をもつ色を**有彩色**，明度のみの属性をもつ色（白・グレー・黒）を**無彩色**に分類する。

色相は色彩がもつ色味や色合い，彩度は色彩のもつあざやかさ，明度は色彩の明るさを示す属性である。これらの尺度で色彩をとらえることにより，色彩を数値として取り扱うことが可能となる（図1）。

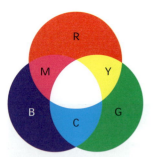

●図2　加法混色

▶ 2　光の三原色（加法混色）

レッド，グリーン，ブルーの3色は発光する**光の三原色**で，それぞれを最も強い光量で重ね合わせると白色になり，これを**加法混色**という。ディスプレイ上で表示される色彩は，このRGBの色光による組み合わせによって生成されている（図2）。

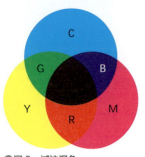

●図3　減法混色

▶ 3　色料の三原色（減法混色）

シアン，マゼンタ，イエローの3色は光を吸収・反射する**色料の三原色**で，それぞれを同量で混ぜ合わせると黒色になり，これを**減法混色**という。染料や印刷インクなどの色料によって表現される色彩がこれにあたる。実際の印刷などにおいては，シアン，マゼンタ，イエローにブラックを加えての4色のインク（CMYK）を使用する（図3）。

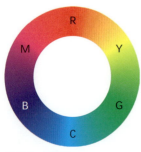

●図4　色相環

▶ 4　色相環（RGB + CMY）

色相のなめらかな変化を環状にしたものが**色相環**（図4）で，色彩を取り扱うソフトウェアでは，レッド（R）=0度として，色相環に沿って時計回りにその角度で色相を指定する。

▶ 5 カラーキャリブレーション

カラーキャリブレーションは，ディスプレイ上の色彩が正しく表示されるように調整することである。また，発光するRGBによるディスプレイ上の色の世界と，CMYKのインクによる印刷で表現される色の世界を，できるだけ色味の違いが発生しないように調整することも指す。

▶ 6 色域（CIELabカラースペース）

CIE❶ Labカラーは，明度の構成要素（L）を0～100，赤～緑の構成要素（a）と青～黄の構成要素（b）を-120～+120の範囲で規定し，すべての可視光線を含む色域（色彩の世界）を表すものである（図5）。

RGBとCMYKが，それぞれ表現することのできる色の範囲が異なることが確認できる。

▶ 7 色深度

色深度（ColorDepth）は色彩表現の際の色数のことである。

1ピクセルあたりのデータ量が1ビット（値が0もしくは1）のとき，色彩は白と黒の2階調（図6）となる。

1ピクセルあたりのデータ量が8ビットのとき，2の8乗（256通り）の情報を取り扱うことができ，色彩は256階調の**グレースケール**（図7），もしくはカラーパネルで特定された256色の**インデックスカラー**❷（図8）でイメージが表現される。

1ピクセルあたりのデータ量が24ビットのとき，レッド（8ビット）256階調，グリーン（8ビット）256階調，ブルー（8ビット）256階調の色光の強弱の組み合わせによって，256×256×256＝16,777,216色の **24ビットフルカラー**（図9）を表現することができる。

色深度が深くなればなるほど，取り扱うことのできる色数は増え，私たちが目にする自然な状態に近い表現ができるようになる。

❶
CIE
Commission Internationale de l'Eclairage
国際照明委員会

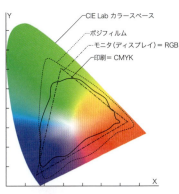

●図5 CIE Lab カラースペース

❷
インデックスカラー
p.43を参照。

●図6 色深度1ビット
（2階調）

●図7 色深度8ビット
（グレースケール）

●図8 色深度8ビット
（インデックスカラー）

●図9 色深度24ビット
（24ビットフルカラー）

2 色彩のイメージと対比

　色彩から人が感じる印象は，伝統や文化といった歴史的側面，生活や慣習といった日常的側面，風土や自然といった環境的側面など，さまざまな背景から多様なものとなる。そうした色彩の印象や効果について理解した上で，色彩をコントロールしてみよう。

▶ 1 色彩の視覚的印象

　特定の色彩が単独でもっている視覚的印象には，以下のようなものがある。

●図1　寒色

●図2　暖色

●表　視覚的印象

	視覚的印象
寒色（図1）	寒さや冷たさを感じる色彩。
暖色（図2）	暑さや温かみを感じる色彩。
収縮色（図3）	形体を実際よりも小さく感じさせる色彩。
膨張色（図3）	形体を実際よりも大きく感じさせる色彩。
進出色（図4）	形体が前に進出する印象のある色彩。
後退色（図4）	形体が後ろにさがる印象の色彩。
軽薄色（図5）	彩度と明度が高く，軽い印象の色彩。
重厚色（図5）	彩度と明度が低く，重い印象の色彩。

　また，特定の色彩がもつ一般的なイメージとしては，以下のような名詞をあてることができる。

●表　色彩のイメージ

色	一般的なイメージ
白	潔白，純真，神聖，清楚
黒	静寂，厳粛，暗黒，悲哀
灰	陰鬱，消極，平凡，中性
赤	歓喜，情熱，活気，革命，粗野，幼稚，女性
橙	陽気，元気，躍動，積極
黄	明快，希望，快活，発展，軽薄，幼稚
緑	自然，安心，平和，理想，知性，純情
青	自然，鎮静，深遠，真実，理性，男性
紫	優雅，高貴，不安，神秘

●図3　収縮色と膨張色

●図4　進出色と後退色

●図5　軽薄色と重厚色

▶ 2　色彩の対比

色彩を扱う場合，複数の色彩をいかに美しく調和させるか，配色（色の組み合わせ）を考えなければならない。複数の色彩が組み合わさり，配色されることによって，その組み合わせから感じる調和や，その逆の不快感が生じる。感じ方の個人差はあるが，基本的な配色の特性を理解することが重要である。

・色相対比（図 6）

色相の異なる背景色の前に置かれた同一の色彩は，それぞれの背景色と**補色**❶の関係にある色彩の影響を受けて感じられるため，同一の色彩であっても視覚的に異なる色彩のように感じられる。

❶ 一般には反対色などと呼ばれる 2 色の色彩の組み合わせで，色光の場合は混ぜると白に，色料の場合は混ぜると無彩色になる。最も視覚に刺激の強い色の組み合わせである。

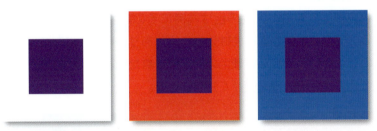

●図 6　色相対比

・彩度対比（図 7）

彩度の異なる背景色の前に置かれた同一彩度の色彩は，彩度の高い背景色の前に置かれた色彩より，彩度の低い背景色の前に置かれた色彩の方が彩度が高く感じられる。

●図 7　彩度対比

・**明度対比**（図8）

　明度の異なる背景色の前に置かれた同一明度の色彩は，明度の高い背景色の前に置かれた色彩より，明度の低い背景色の前に置かれた色彩の方が明度が高く感じられる。

●図8　明度対比

・**同時対比**（図9）

　色彩に対して，人間の目は同時にその補色を網膜上に要求する。そのとき生じる補色は知覚作用であり，客観的に存在するものではない。異なる背景色の前に置かれた色彩は，つねにその背景色の補色の影響を受けて知覚される。

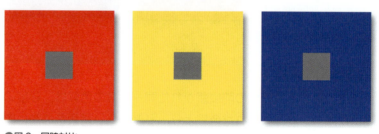

●図9　同時対比

・**面積対比**（図10）

　視覚的に刺激の強い補色関係にある色彩を調和させるためには，それぞれの色彩の面積の比率が重要になる。

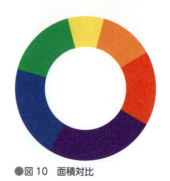

●図10　面積対比

▶ 3 配色における色彩の三属性の作用と印象

色相・彩度・明度という色彩の三属性の観点から，配色の作用と印象を確認する❶。

❶ 配色による印象はp.146〜p.153のスタンダードデザインパターンのカラーチャートも参照。

- **色相差の等しい配色**（図11）
  一般的に静かで穏やかな印象。

●図11

- **色相差の大きな配色**（図12）
  対立的で派手な印象。
  調和がとれていないと不快感を感じる。

●図12

- **色相差の小さな配色**（図13）
  温和でおとなしい印象。

●図13

- **彩度の高い配色**（図14）
  派手，刺激的，明るい印象。

●図14

- **彩度の低い配色**（図15）
  地味，渋み，落ち着き，暗い印象。

●図15

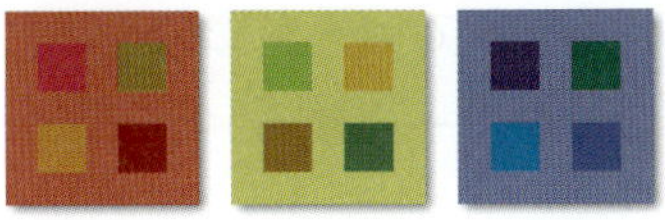

- **彩度差の大きな配色**（図16）
  動的な印象。

●図16

- **彩度差の小さな配色**（図17）
  静的な印象。

●図17

- **明度差の大きな配色**（図18）
  活動的で明快感が強い印象。強烈な印象を与える。

●図18

- **明度差の小さな配色**（図19）
  落ち着いておとなしい印象。明快感が弱く，静的な配色。

●図19

3　色調補正

　コンピュータを用いてディジタルデータとして画像を取り扱うということは，色彩の情報についても数値でコントロールすることである。さらに Web サイトというメディアの前提として，さまざまな環境のコンピュータでブラウズ（閲覧）されることがあげられる。こうした状況を踏まえて，画像のカラーコントロールについて理解を深めていこう。

▶ 1　画像モード

　Photoshop の [イメージ] メニューから [モード] を選択すると，取り扱うことのできる画像モードとして**モノクロ 2 階調**（色深度 1 ビット），**グレースケール**（色深度 8 ビット），**インデックスカラー**（色深度 8 ビット），**RGB カラー**（色深度 24 ビット）などがサブメニューに表示され，いずれかを選択するとその画像モードへ変換される。

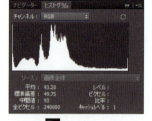

●図 1　Ps ヒストグラム

▶ 2　ヒストグラム

　Photoshop の [ウィンドウ] メニューから [ヒストグラム] を選択すると，ヒストグラムパネル（図 1）が表示される。ヒストグラムは，画像内のピクセルの明るさの分布を表したもので，明るすぎ，暗すぎといった画像の色調範囲を識別することができる。RGB，輝度，レッド，グリーン，ブルー，カラーのチャンネルごとにその分布を見ることができ，横軸は 0 ～ 255 までの 256 階調になっている。縦軸はレベルで，ピクセルの個数を表している。

　[イメージ] メニューの [色調補正] → [レベル補正] で表示されるレベル補正パネル（図 2）は，ヒストグラムに表示されるチャンネルごとの各階調あたりのピクセル個数（レベル）を補正することにより，明るさやコントラストを調節するものである。

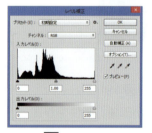

●図 2　Ps レベル補正

▶ 3　色彩の三属性によるカラーコントロール

　Photoshop の [イメージ] メニューの [色調補正] → [色相・彩度] で表示される色相・彩度パネル（図 3）では，色彩の三属性である色相，彩度，明度から色調をコントロールする。

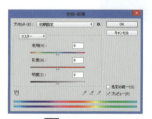

●図 3　Ps 色相・彩度

コントロールの対象としてマスター，レッド系，イエロー系，グリーン系，シアン系，ブルー系，マゼンタ系がポップアップメニューから選択でき，マスターはすべての色域を対象に，マスター以外はそれぞれの系統の色彩を対象に調整を行う。

5　色相スライダは－180 ～ +180 までの角度入力，彩度スライダと明度スライダは－100 ～ +100 までのパーセンテージで操作する。また，色彩の統一のチェックボックスを ON に設定すると，単一色相のカラー表現に変換することもできる。

▶ 4　Web セーフカラー

10　Web サイトでは，コンピュータの画面表示に関する性能や設定，またディスプレイの性能や設定により，情報の発信者側で意図した色彩表現が，そのまま受信者側で再現されるとは限らない。

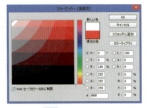

●図 4　Ps カラーピッカー

Web セーフカラーとは，レッド，グリーン，ブルーをそれぞ
15　れ 6 段階に分けて，6 × 6 × 6 = 216 色で定義されたカラーチャートである。Web セーフカラーでは，Windows や Mac OS といったプラットフォームに左右されず，どんな環境でもほぼ同じ色で再現される。

Photoshop の描画色と背景色を選択するカラーピッカー（図
20　4）や，Illustrator のカラーパネル（図 5）では，Web セーフカラーの 216 色に限定して色指定することもできる。

●図 5　Ai カラーパネル

❶
Web およびデバイス用に保存
p.68 を参照。

▶ 5　インデックスカラー

インデックスカラーは，色深度 8 ビット（256 色）のカラーパネルを作成し，それを基に色彩の表示を行う画像モードである。
25　インデックスカラーで使用するカラーパネルは，元画像がもっている色彩に応じて，自由に 256 色を割り付けることができる。

Photoshop の [イメージ] メニューから [モード] → [インデックスカラー] を選択すると，画像モードをインデックスカラーに変換する際のカラーパレットの設定（図 6）が行える。

30　また [ファイル] メニューから [Web およびデバイス用に保存]❶を選択し，GIF❷や PNG-8❸などのインデックスカラーモードに設定した上で保存することもできる。

❷
GIF
p.67 を参照。

❸
PNG-8
p.67 を参照。

●図 6　Ps インデックスカラー

章末演習問題

写真の絵画的表現 (図 7)

　スキャナやディジタルカメラなどを利用して，日常の写真をディジタルデータとして取り込み，Photoshop を使用して色彩のコントロール機能やフィルターメニューによるピクセル操作を利用し，日常の写真を絵画的なイメージの画像へと変換してみよう．

　画像加工のモデルとする絵画を設定して，その絵画が表現している形や色の特徴を再現するよう工夫すること．

　Photoshop に用意されている機能を使っているうちに，何となくイメージができあがってしまうのではなく，モデルとした絵画の特徴に近づけることをゴールとして，Photoshop の機能についての理解を自分なりに整理し，制作プロセスを論理的に組み立て，実行することを目的とする．

　制作する Web ページのテーマに合う写真を選択して制作に取り組むと，Web ページのトップページのカバー画像としても利用できるであろう．

●図 7　演習作例

3章
文字と画像

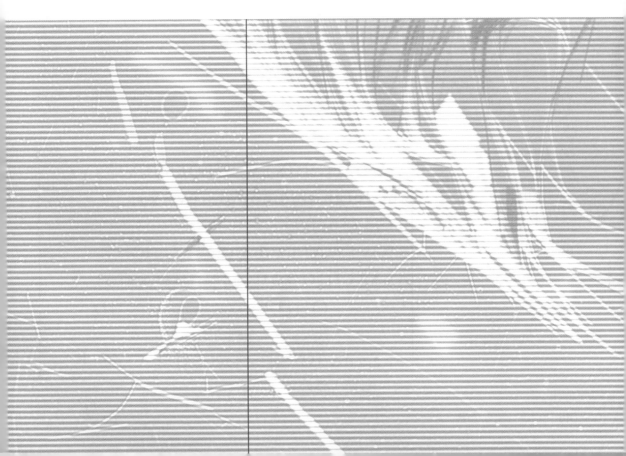

1 タイポグラフィ

1 タイポグラフィの基礎知識

　人類が文字の文化を手に入れておよそ 5000 年。世界のさまざまな国，地域，民族や歴史的背景のもと，文字はコミュニケーションの重要な手段として用いられている。

　文字には，意味を直接的に伝えてくれる言語としての側面と，画面の中に存在する形としての側面がある。コミュニケーションの重要な鍵を握る要素として，タイポグラフィ❶の視点が加わると，文字の形から伝わる印象やニュアンスをコントロールすることが可能になるであろう。

▶ 1 タイポグラフィにかかわる用語

　タイポグラフィを理解する前提として，以下の用語の意味を把握しよう。

・**フォント**❷ (Font)

　フォントは，コンピュータで利用する書体データのことを指し，ディジタルフォントともいわれる。ひとつの書体デザインでそのサイズは自由に変えることができる。

・**キャラクタ** (図 1)

　漢字・仮名・欧文アルファベット・数字などのいわゆる文字と，句読点や＋＝〜などの約物❸を含めた字体の総称をキャラクタという。書体デザインの区別ではなく，文字そのものを形づくる基本骨格を指している。また，コンピュータ上ではこれらをすべて文字と認識し，キーボード操作によって入力することができる。

```
ABCDEFGHIJKLMNOPQRSTUVWXYZ
abcdefghijklmnopqrstuvwxyz
0123456789
％‰＆＄¢£¥fiflæœÆŒåçãƒ1µø
ÅÂÁẞÇÍÎÏÓÔÒÚ§¶†‡#*ªºTM ®©＠
•- — ／( ) { } [ ] < > ‹ › « » ' ' " " …  ,, : ; . , ! ¡ ? ¿
` ´ ¨ ^ ˜ ˘ ˛ . ' ~ ^ _ + | " . °
∞ ≠ ∑ π ∂ Δ ¬ Ω ≈ √ ∫ ≤ ≥ ÷ ¤ ± ø ∏ ″
```

●図 1　欧文のキャラクタ

---

❶ タイポグラフィとは，書体の選択や文字を組んで適切に配置することで，文字列の体裁を整えること。

❷ フォントはイギリス英語の Fount が語源で，活版印刷に用いられる活字の一揃いのことを指していた。

❸ 約物とは，表記に用いる記号類の総称。
文や語を区切る記号としては 。(句点)，(読点).(ピリオド),(カンマ)・(中黒) などのくぎり符や，!(感嘆符) ?(疑問符) の抑揚符がある。
文や語をつなぐ記号としては -(ハイフン) —(全角ダーシ) 〜(波ダーシ) などのつなぎ符や，…(3点リーダ) ‥(2点リーダ) などの省略符がある。
文や語をくくる記号としては「」(かぎかっこ) [ ] (ブラケット) 〖〗(隅付パーレン) などのくくり符や，"(クォーテーションマーク) ""(ダブルクォーテーションマーク) などの引用符がある。
他にも ＊(アスタリスク) †(ダガー) §(セクション) などの参照符や，＃(ナンバー) の番号符などがある。

・**タイプフェイス**（図2）
　タイプフェイスとは書体デザインのスタイルの種類を指す語で，和文書体では明朝体やゴシック体，欧文書体ではローマン体とサンセリフ体といった大きな分類をはじめとし，フォントメーカーごとに開発された書体デザインが数多くある。また，個人で書体デザインを行い自由にダウンロードできるデータとして公開しているフリーフォントなどもある。

```
ヒラギノ明朝体 5
ヒラギノ角ゴ 5
ITC Garamond Book
Helvetica Regular
```

●図2　タイプフェイス

・**タイポグラフィにかかわる計測単位**（図3）
　タイポグラフィにかかわる計測単位としては，ポイント（point）（ptと略される）が多く利用される。
　パイカ（pica）は行の長さを指定，あるいは計る単位で，ページレイアウトソフトでは水平方向の距離の単位として用いることができる。

1 point ＝ 1/72inch ＝ 約0.353mm
12 point ＝ 1 pica
72 point ＝ 6pica ＝ 1inch ＝ 約25.4mm

●図3　タイポグラフィの計測単位

2　欧文書体

欧文書体の構成とタイプフェイスを理解し，タイポグラフィ操作の際の観点について確認していく。

▶ 1　欧文書体の構成要素（図1）

・**ベースライン** (base line)

　書体設計や文字組において基準となる仮想線で，すべての大文字とほとんどの小文字がこのライン上に並ぶ。

　Photoshop や Illustrator では，文字データを入力する際，また入力された文字を選択した際には，ベースラインが表示される。

・**エックスハイト** (x-height)

　小文字の x の高さに相当する実寸の高さ。

・**アセンダーライン** (ascender line)

　小文字で，エックスハイトよりも上に出ている部分をアセンダーといい，その上端に位置するライン。

・**ミーンライン** (mean line)

　エックスハイトに相当する高さの上端のラインで，欧文書体の骨格の中心部分を貫くライン。エックスライン(x-line)ともいう。

・**ディセンダーライン** (descender line)

　小文字で，ベースラインよりも下に出ている部分をディセンダーといい，その下端に位置するライン。

●図1　欧文書体の構成要素

- **ボディサイズ** (body size)
  フォントサイズとして指定する実寸の高さ。アセンダーラインよりも少し上，ディセンダーラインよりも下に余白をもって位置する。
- **アッパーケースキャラクタ** (upper case characters)
  大文字のことで，キャップス(caps)ともいう。
- **ローワーケースキャラクタ** (lower case characters)
  小文字のこと。
- **キャップハイト** (cap height)
  大文字のXの高さに相当する実寸の高さでキャピタルハイト(capital height)ともいう。
- **ステム** (stem)
  字体を構成している垂直線のこと。ステムのウェイトは，微妙なタイプフェイスを区別する手がかりとなる。
- **セリフ** (serif)
  字体を構成する主要な画線の先端にある小さな突起のことをいう。タイプフェイスによってその形状も異なり，微妙なタイプフェイスを区別する手がかりとなる。
- **カウンター** (counter)
  字体が閉じることによってつくられる空間で，カウンタースペースともいう。字体とカウンタースペースの関係は，微妙なタイプフェイスを区別する手がかりとなる。

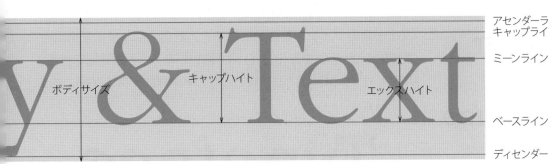

❶ ストローク
文字を綴る際のひとかきの線や点こと。

Typeface
●図2　オールドローマン (ITC Garamond)

Typeface
●図3　トランジショナルローマン (Baskerville Old Face)

Typeface
●図4　モダンローマン (Bodoni)

Typeface
●図5　サンセリフ (Helvetica)

Typeface
●図6　ヒューマニスティックサンセリフ (Optima)

Typeface
●図7　ジオメトリックサンセリフ (Futura)

Typeface
●図8　スクリプト (Dorchester Script)

Typeface
●図9　ブラックレター (Goudy Text)

Typeface
●図10　エジプシャン (Memphis)

TYPEFACE
●図11　ディスプレイ (Umbra)

▶▶ 2　欧文書体のタイプフェイス

・ローマン体

　文字を石などに刻んでいた時代の形状の名残を，セリフ（ストローク❶の端の飾り）としてもっているのがローマン体の特徴である。時代の変遷にともなって，オールドローマン（図2），トランジショナルローマン（図3），モダンローマン（図4）などに分類することができる。

・サンセリフ体

　サンセリフ（図5）はラテン語で「セリフのない」ことを指し，ストロークが一定の太さであることがサンセリフ体の特徴である。ローマン体の要素を残したヒューマニスティックサンセリフ（図6）や，幾何学的な構成のジオメトリックサンセリフ（図7）などもある。

・スクリプト体

　スクリプト（図8）は，優美なカリグラフィの筆跡やエッチングで彫られた手書き書体の流れるような筆跡を特徴とする装飾的な書体である。

・そのほかのタイプフェイス

　上記以外にも，ゴシック体ともいわれる古典的な印象のブラックレター（図9），セリフとストロークの太さが均一なエジプシャン（図10），見出しなどに用いるのに適しているディスプレイ（図11）など多彩な種類がある。

▶▶ 3　欧文タイプフェイスの同サイズ比較（図12）

　同一のベースライン上に同一のサイズ指定で，異なるタイプフェイスのフォントを重ねてみると，数値によるサイズ指定と視覚的なサイズ（実際の寸法）に，違いがあることが確認できる。ボディサイズは共通でも，設計の際の基準線は，フォントによって異なる。

●図12　ITCGaramondとHelveticaとDorchesterScriptの同サイズ比較

▶ 4　フォントのファミリーとスタイル

　一揃いとなる一つの書体デザインから派生して制作されたさまざまなスタイルを総合してファミリーと呼ぶ。そのスタイルとしては，以下のような分類がある。

- **ウェイト**（図 13,14,15,16）

　タイプフェイスの太さを指すもので，ファミリーを構成する要素としては，レギュラー(Regular)やミディアム(Medium)といわれる基本となる太さから，細身のライト(Light)，太めのボールド(Bold)，さらに太いブラック(Black)や極太のエキストラボールド(Extra Bold)などがある。

- **ワイズ**（図 17,18,19）

　タイプフェイスの字幅を指すもので，通常の字幅のものはレギュラー(Regular)やノーマル(Normal)，字幅の狭い縦長のスタイルをコンデンス(Condensed)やナロー(Narrow)，字幅の広い横長のスタイルをエクスパンド(Expand)やワイド(Wide)という。

- **ローマン**

　先のタイプフェイスの分類で示したローマン体とは別に，スタイルの中で用いるローマンは，字形の傾斜したデザインをとるイタリックやオブリークに対して，正体のことを指す。

- **イタリック**（図 20）

　イタリックは筆記体を基にデザインされたもので，ローマンとは字体や字形が異なる斜体を指す。

- **オブリーク**（図 21）

　イタリックに対してオブリークは，ローマンと字体や字形は同じで右へ傾けたデザインのものを指す。

Typeface

●図 13　ウェイト (Linotype Univers 430 Basic Regular)

Typeface

●図 14　ウェイト (Linotype Univers 330 Basic Light)

Typeface

●図 15　ウェイト (Linotype Univers 630 Basic Bold)

Typeface

●図 16　ウェイト (Linotype Univers 830 Basic Black)

Typeface

●図 17　ワイズ (Linotype Univers 430 Basic Regular)

Typeface

●図 18　ワイズ (Linotype Univers 420 Condensed Regular)

Typeface

●図 19　ワイズ (Linotype Univers 440 Extended Regular)

●図 20　イタリック
(ITC New Baskerville Roman と同 Italic)

●図 21　オブリーク
(Helvetica Regular と同 Oblique)

3　和文書体

　和文書体の構成とタイプフェイスを理解し，タイポグラフィ操作の際の観点を確認していく。

▶ 1　和文書体の構成要素 (図1)

・**仮想ボディ**（ボディサイズ）
　フォントサイズとして指定する実寸サイズ。和文書体は必ず正方形の仮想ボディに収まるよう設計されている。文字は仮想ボディよりもひとまわり小さくつくられ，仮想ボディと文字の間にはわずかな余白が存在する。

・**ベースライン** (base line)
　ディジタルフォントの世界では，欧文書体のシステムに和文書体を加える方法で日本語環境を構築したため，和文書体においても，欧文書体の設計や文字組において基準となるベースラインが存在する。
　Illustratorでは，文字データを入力する際，また入力された文字を選択した際には，欧文書体のベースラインが表示される。和文書体との関係においては，仮想ボディとなる正方形の下端から，12% 上がった位置にベースラインが設定されている。

●図1　和文書体の構成要素

2 和文書体のタイプフェイス

・明朝体

うろこと呼ばれる終筆部の様式化を特徴とする明朝体（図2,3,4）は，その原形が木版印刷時代の中国にあり，彫刻しやすい造形法として発生し，長い年月を経て形を構成する要素の定着がなされたものである。

・ゴシック体

セリフのない欧文書体をサンセリフとして分類するように，うろこをもたずストロークが一定の太さの書体をゴシック体（図5,6,7）という。欧文書体のタイプフェイスで呼ばれるゴシック体とは同義ではない。

・その他のタイプフェイス

和文書体は代表的な明朝体とゴシック体以外に，隷書体（図8），楷書体（図9），行書体（図10）など，漢字システムと歴史的背景の中で誕生したさまざまな系統に分類することができる。

3 和文タイプフェイスの同サイズ比較（図11）

欧文書体の場合，同一の行長に入る文字数はフォントやキャラクタによって異なる。それに対して和文書体は，フォントの違いにかかわらず正方形の仮想ボディにすべてのキャラクタが収まるように設計されているので，行長と文字数の関係がフォント選択にかかわらず一定となる。

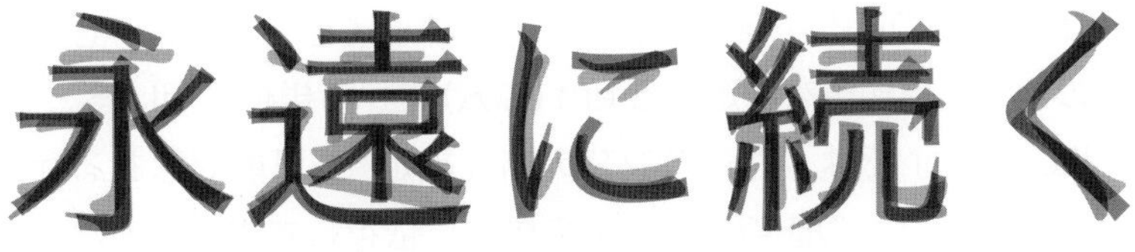

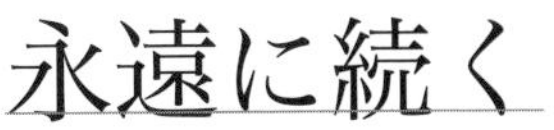

●図2 明朝体（ヒラギノ明朝 ProW3）

●図3 明朝体（小塚明朝 ProR）

●図4 明朝体（DFP 華康明朝体 W5）

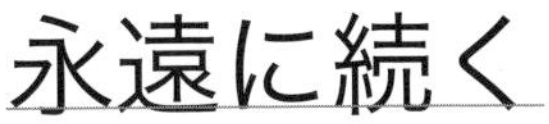

●図5 ゴシック体（ヒラギノ角ゴ ProW3）

●図6 ゴシック体（小塚ゴシック ProR）

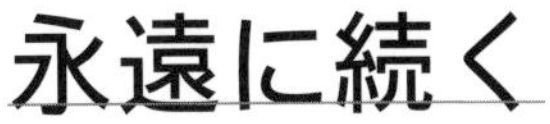

●図7 ゴシック体（DFP 華康ゴシック体 W5）

●図8 隷書体（DFP 隷書体）

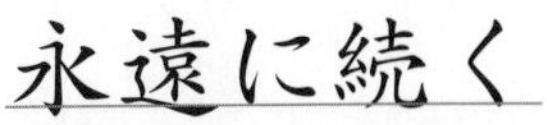

●図9 楷書体（DFP 中楷書体）

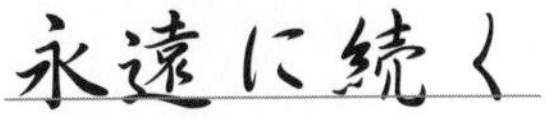

●図10 行書体（DFP 行書体）

●図11 ヒラギノ明朝と小塚ゴシックと DFP 隷書体の同サイズ比較

4　フォントと文字組

ディジタルフォントの種類を理解した上で，タイポグラフィとしての具体的な文字組へと展開していこう。

▶ 1　フォントデータの分類

ディジタルフォントは，データの形式によって**ビットマップフォント**と**アウトラインフォント**の2種類に大別できる。

・**ビットマップフォント** (bitmap font)

ビットマップフォント（図1）は，文字をピクセルの集合として表す方式で構成されたフォントで，サイズ (10pt, 12pt, 14pt, 18pt など) ごとにフォントセットが必要となる。画面表示のために用いることが多い。

●図1　ビットマップフォント

・**アウトラインフォント** (outline font)

アウトラインフォント（図2）は，文字の輪郭線（アウトライン）を数式化し定義したものである（図3）。ビットマップフォントと異なり縮小拡大，変形しても視覚的に劣化しない。

アウトラインフォントは，PostScript Type 1 フォント，TrueType フォント，OpenType フォントの3種類に分けられる。

●図2　アウトラインフォント

●図3　アウトラインフォントのパス

▶ 2　文字組（スペーシング）（図4）

スペーシングとは字間を調整することで，文字を組んでいく上で，最も基本的で重要なタイポグラフィ操作となる。

・**カーニング**（図5）

カーニングとは特定の文字間を対象としたレタースペーシング（字間調節）のこと。フォントのボディサイズを1000等分して，その割合で調節量を決定する em（エム）という単位を用いる。

Illustrator では，カーニングの自動設定❶も可能ではあるが，タイポグラフィの観点では，その機能に依存しすぎることなく，自分の目でしっかりと確認することが重要となる。

❶ カーニングの自動設定
Illustrator では文字パネルのカーニングのポップアップメニュー内の [自動] と [オプティカル] がカーニングの自動設定である。[自動] はフォントに含まれるペアカーニング情報を利用してカーニングを行う。[オプティカル] は文字の形状に基づいて，隣接する文字の間隔が調整され，設定量は [自動] よりも大きく，より詰めたカーニングとなる。

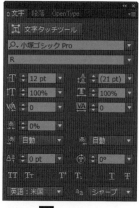

●図4　**Ai** 文字パネル

●図5　カーニング

・トラッキング（図6）
　トラッキングは全文を対象に字間調節することを指し，すべての文字間に対して均一な処理が施される。トラッキングによって，画面空間で文字列によってつくられる色の濃度に変化を与えることができる。

▶ 3　組版

　画面空間の中に，文字や図形や画像を組んでレイアウトする操作を組版という。中でも文字にかかわる処理を確認していく。

・行間（図7）
　フォントサイズの指定には，一般的にポイントを用いる。そして改行した場合の行間の指定についても，同じくポイントが使用される。

　行間は1行目のベースラインから次の行のベースラインまでの実寸となる。Illustratorでの行間の自動設定値は，文字サイズの120％となっている。例えば，文字サイズが10ptの場合，行間サイズは12ptとなる。

・行揃え（図8）
　行揃えには，左揃え（行頭揃え），中揃え（中央揃え），右揃え（行末揃え），両端揃え（ジャスティファイド），最終行も両端揃え（植木打ち）といったものがある。

・字下げ（図9）
　文節の変わり目を明確に示す方法として，文節の最初の行頭の文字を数字分下げることを指し，インデントともいう。

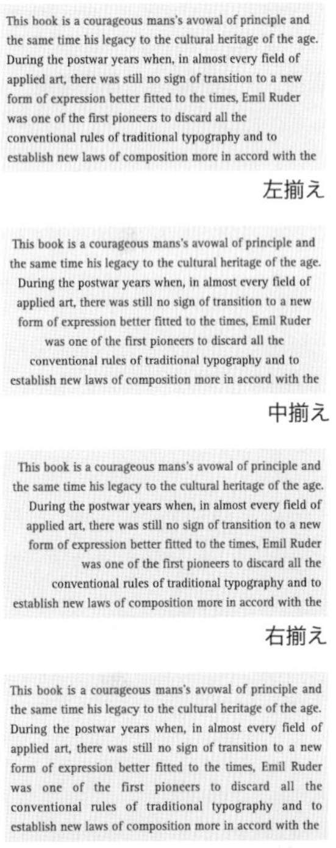

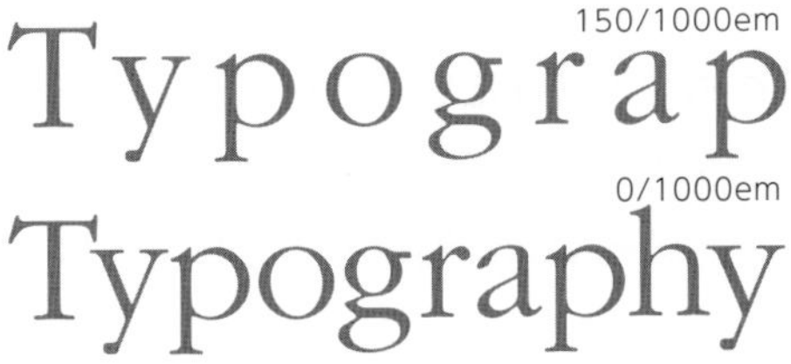

●図6　トラッキング

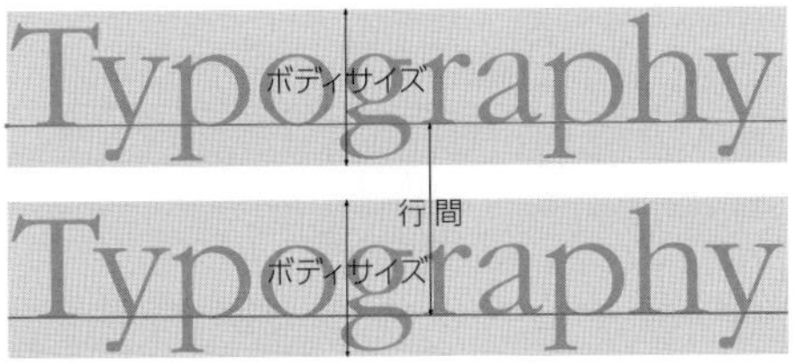

●図7　行間

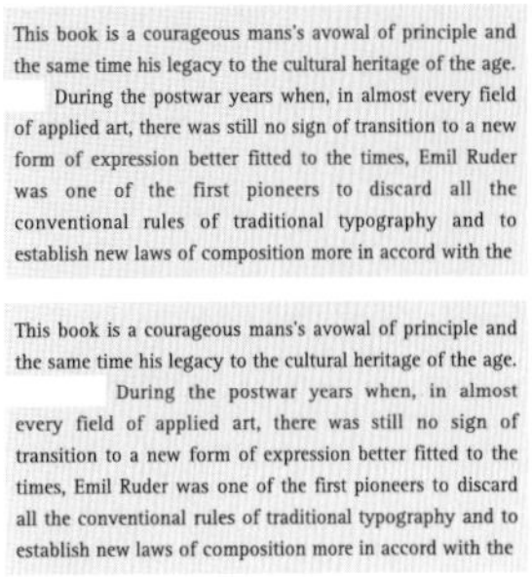

●図8　行揃え

●図9　字下げ

1節　タイポグラフィ

●図10　組版による画面濃度

▶ 4　組版による画面濃度 (図10)

　タイプフェイスの選択，行間の設定，スペーシングの設定といった要素によって，文字列が生み出す色面としての濃度は多様に変化する。

　この濃度変化を意図的に利用することによって，画面の中に動きやリズムといった変化を生み出し，情報伝達の優先順位を感覚的に認識させようとする試みが可能になる。

▶ 5　タイプフェイスの選択基準

　フォントの種類は2,000種以上あるともいわれる。使用するフォントを選択する際には，以下の観点に着目してみよう。

・審美性 (見た目の美しさ)

　審美性という観点から，印象に残るタイプフェイスをいくつか選んでみよう。それらがもつ造形的な側面から，印象やニュアンスといったものを感じ取ることができるはずである。タイプフェイスの造形から何かを感じ取ることによって，その印象をデザイン表現に込め，受け手に向けて視覚情報として送られるのである。

・合目的性 (誰に読ませるのか)

　タイプフェイスによって視覚化される情報は，どのような形態にまとめられ，どういった対象に向けて発信されるか？

　目的や対象，また伝達される情報の内容によって，使用するタイプフェイスを十分考慮する必要がある。

・可読性 (文字の読みやすさ)

　文字が情報伝達の記号としての機能をもつ以上，造形的な側面と同時に意味内容を伝えるための可読性にも注意を払う必要がある。可読性は，文字サイズとタイプフェイスの関係に表れる。またそれらは，画面のデザインとの相対的な関係の中でも変化していく。

演習問題

■ **Web サイトタイトルの文字組**

　ここまでで学んできたタイポグラフィの基礎知識をしっかりと意識して，ドロー系ソフトウェアで Web サイトタイトルの文字組を行ってみよう（図 11）。

　フォントの選択やフォントサイズ，スペーシング，行間の設定などを行う際に，単なる文字入力にとどまることなく，造形表現としての観点を意識すること。意味を直接的に伝えてくれる言語としての側面と，画面空間の中での形としての側面の両面からバランスを考えることが重要である。

Information Design
表現メディアの編集と表現

● 図 11　演習作例

2 画像

1 文字の画像化

タイポグラフィ表現は，コンピュータのディジタル環境の中で，ドロー系ソフトウェアの世界からペイント系ソフトウェアの世界へとその表現の幅を拡げることができる。文字をピクセルの集合体としての画像の領域でとらえ直してみよう。

▶ 1 フォントのアウトライン化

Illustrator では，フォント選択にアウトラインフォントが使用されている場合，文字の輪郭線をそのまま図形の情報に置き換えることができる。これがフォントのアウトライン化である。文字情報のオブジェクトを選択して [書式] メニューの [アウトラインを作成] を選ぶと実行できる。図形化された線 (パス) のデータは，オブジェクトとして自由な図形編集が可能となる (図 1)。ただし，テキストデータの際に保持していたヒント情報❶は，アウトライン化によって失われてしまう。

❶
ヒント情報とは，アウトラインフォントのフォントサイズの変化に対応して，線幅の補正を行う機能のこと。

●図 1　**Ai** アウトラインを作成

▶ 2 ベクター形式からラスター形式への変換

ベクター形式で文字組したデータを，ラスター形式で開き，画像としてさまざまなピクセル操作を加えてみよう。

まず，Illustrator で画面空間となる新規ドキュメントを設定する。テキストを入力し文字組の調整をした上でアウトライン化する。カラーパネルは，RGB モードでレッド：128, グリーン：128, ブルー：128 のグレー (図 2) でペイントしておくと，後に行う Photoshop での色彩コントロールの際に，幅広く対応できる。Illustrator での文字組が完了したら，ファイルを保存し終了する。

●図 2　**Ai** カラーパネル

Photoshop を起動して［ファイル］メニューの［開く］を選択し，Illustrator で作成したファイルを指定して開く。すると，PDF の読み込みのウィンドウ（図 3）が表示される。Illustrator ファイルを PDF ❶ 形式として読み込み，アウトラインのデータがラスタライズ ❷ され，Photoshop で扱うことのできるピクセルの集合体に変換される。なお，Illustrator 上でペイントされていない部分はすべて透明の扱いになる（図 4）。

❶
PDF
P.67 を参照

❷
ピクセルの集合体としてイメージが生成（ビットマップ）されているラスター形式に変換する操作を指して，ラスタライズという。
テキストデータとして入力された文字情報は，ラスタライズしてビットマップデータに変換することで，画像イメージとしてさまざま表現が可能になる。

●図 3　**Ps**　PDF の読み込み

●図 4　**Ps**　透明レイヤー

▶ 3　ピクセル操作によるイメージ編集

　p.27 の「ピクセル操作のフィルターメニュー」や p.42 の「色彩の三属性によるカラーコントロール」を行うことで，文字を画像としてさまざまにイメージ編集することができる。また，Photoshop に用意されたスタイルパネル（図 5）を利用して，イメージやカラーに対してさまざまな効果を与えることもできる。

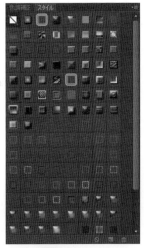
●図 5　**Ps**　スタイルパネル

演習問題

■ **Web サイトタイトルロゴのデザイン**

　p.57 の演習問題で作成した Web ページタイトルの文字組を利用して，タイポグラフィの画像としての表現に焦点をあて，Web ページタイトルロゴのデザインに発展させてみよう。

　Illustrator で組んだタイトルのデータを Photoshop で開き，タイポグラフィの画像表現を試みる (図6)。

　フィルター，スタイルといったメニューを複合的に使用して，意図するイメージの生成に向けて取り組むこと。各種メニューの適用効果については，トライアンドエラーでいろいろ試みることが，初期段階では重要となる。

●図6　演習作例

2 イラストレーション表現

　イラストレーションというと，絵を描くことの得手，不得手で考えてしまいがちだが，p.14 の「形態」にあるようにさまざまな形態を組み合わせて，比較的簡単にイラストレーションとしてのイメージを作成することができる。幾何形態の組み合わせで，人を模したキャラクターを描くことや，スキャニングした画像をベースにトレースを行うなど，ペイント系，ドロー系ソフトウェアの特性をふまえた使い分けで，多様なイラストレーション表現を行うことが可能である。

　ドロー系ソフトウェアでの描画は，「切り絵」の作業に近いといえる。色紙を切って面の形をつくる，そしてそれを台紙の上に貼り重ねていく，というような感覚である。

▶ 1 面による描画

　立体的イメージの表現は，3DCG ソフトウェア，CAD ソフトウェアに限ったものではなく，簡単な立体イメージであれば，Illustrator でも作図が可能である。

　立体的イメージの作図❶方法として，一点透視図，二点透視図，三点透視図，アイソメトリック図，アクソノメトリック図などがある。ここでは，Illustrator を利用したアイソメトリック図法による描画の手順を紹介する。

・アイソメトリック図法による作図

(1) 三面図（平面図，正面図，側面図）を作成する。

(2) 平面図を回転ツールで，−45 度回転させる。

(3) さらに拡大縮小ツールで，横 100％，縦 57.735％ に変形させる。

❶ 一点透視図は，物体の一面を正面として，奥行きを表す線が，設定する一つの消失点に集約される。二点透視図は，物体の一辺を正面として，奥行きを表す線が，水平線上の左右に設定する二つの消失点に集約される。三点透視図は，二点透視図の二つの水平線上の消失点に加えて，垂直方向の消失点を一つ加えたもの。
アイソメトリック図は等角投影図法の一つで，一辺を正面として，30 度の角度で奥行きを表す線が描かれる。
アクソノメトリック図も等角投影図法で，一辺を正面として，45 度の角度で奥行きを表す線が描かれる。

(4) **正面図**を回転ツールで，−45 度回転させる。

(5) さらに拡大縮小ツールで，横 57.735％，縦 100％ に変形する。

(6) 続けて回転ツールで，30 度回転させる。

(7) **側面図**を回転ツールで，45 度回転させる。

(8) さらに拡大縮小ツールで，横 57.735％，縦 100％ に変形させる。

(9) 続けて回転ツールで，−30 度回転させる。

(10) 変形させたそれぞれの図形を立体イメージとなるよう，ポイントスナップの機能を利用して正確に配置する。その後に図形の不必要な部分などがあれば消去する。

(11) 斜面に相当する図形をペンツール，もしくは長方形の変形で描き足す。

(12) 立体の陰影を塗りの設定で表現する。

▶ 2 パターン

　Illustrator のスウォッチパネル (図 1) には，あらかじめ用意されたパターンが登録されている。パターンは矩形内に作図されたイメージを，繰り返し配置 (タイリング) するものである (図 2)。こうしたパターンは，独自に作成し，登録しておくことが可能である。

　パターンを作成するには，その構成要素となる 1 タイルの矩形を描き，その範囲内に作図を行っていく。エンドレスに連続するパターンとしたい場合は，境界が連続するように計画しておく必要がある。

　1 タイルが作図できれば，その中に含まれるオブジェクトすべてを選択し [オブジェクト] メニューの [パターン] → [作成] を選ぶ。パターンオプション (図 3) のウィンドウが表示されるので，任意の名前を付けて完了する。完了したパターンは，スウォッチパネルに登録され，別のオブジェクトの塗りの設定として使用することができる。

　また，同様の機能を Photoshop で行うことも可能である。長方形選択ツールで選択範囲を作成し，その後 [編集] メニューの [パターンを定義] を選び，任意のパターン名を付けて登録する。登録したパターンを使用する場合は，パターンで塗りたいエリアを指定してから [編集] メニューの [塗りつぶし] で表示される，塗りつぶし (図 4) のウィンドウでパターンを選択する。

●図1　Ai スウォッチパネル

●図2　パターンによる塗り

●図3　Ai パターンオプション

●図4　Ps 塗りつぶし

演習問題

■積み木感覚のイラストレーション制作

　アイソメトリック図で立方体を描き，それを素材にイラストレーションを制作してみよう。

　まず Illustrator で 1 個の立方体を描く。立方体のアイソメトリック図は，三つのオブジェクトで構成されているから，それらを選択して [オブジェクト] メニューから [グループ] を選択する。これにより，いずれか一つのオブジェクトを選択すると，必ず三つが一体となって選択されるようになる。個々のオブジェクトのみを選択したい場合には，ダイレクト選択ツール (図 5) を使用する。

　コピー・ペーストで立方体を複製し，アレンジで立方体の前後関係を調整しながら，積み木あそびの感覚で，具体的なモチーフを描いてみよう。パターンによる塗りの設定を用いると，表情豊かなイラストレーション表現ができるであろう (図 6)。

●図 5　**Ai** ダイレクト選択ツール

●図 6　演習作例

3 画像加工

　画像をペイント系ソフトウェアでさまざまに加工していく上で，覚えておくべき知識として，すでに触れてきたピクセル操作や色彩などの内容に加えて，解像度やファイル形式があげられる。

▶ 1 解像度（図1）

　ディジタル化された画像は，ピクセルの整列した色面の集合体である。微細なピクセルによって，大きなサイズの画像をつくった場合は，非常に高品質なイメージと感じられるが，逆に大きなピクセルで小さなサイズの画像をつくると，個々のピクセルが知覚され，モザイク状の粗い画像と感じるだろう。

　解像度は，画像の品質ととらえるとよい。解像度が高いと高品質な画像イメージ，低いと品質が落ちる，といった具合である。解像度を表す単位としては，ppi (pixels/inch)，dpi (dots/inch) や lpi (lines/inch) といったものがある。それぞれ，1インチ（約 25.4mm）あたりいくつのピクセル（またはドット，線）で画像が構成されているかを表す。

・**入力解像度**

　イメージスキャナなどを利用して，画像イメージをディジタル化する際の解像度を指し，単位には ppi や dpi を用いる。

・**画像解像度**

　入力された画像の解像度で，単位には ppi を用いる。画像解像度は [イメージ] メニューの [画像解像度]（図2）のウィンドウによって再編集が可能である。

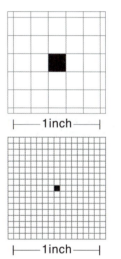

●図1　解像度 (5ppi) と解像度 (15ppi)

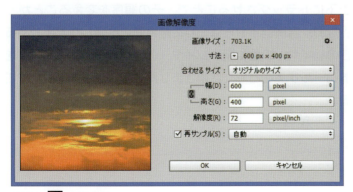

●図2　Ps 画像解像度

▶ 2　画像合成とレイヤー機能

　画像合成には，単一ファイル内で合成を行う操作と，複数ファイルのイメージを一つに合成する操作がある。

・コピースタンプツール

●図3　Ps コピースタンプツール

　単一ファイル内で行う合成は，例えばスキャニングで写り込んだホコリの除去，イメージ内の不要なものを自然な印象で消し去ることなどがある。この場合に有効なツールが，コピースタンプツール（図3，4）である。コピースタンプツールは，画像の一部分をサンプリング（コピー）し，そのデータで描画を行うものである。

●図4　Ps コピースタンプツールオプションの設定

❶
レイヤーは重ねた透明フィルムのようなイメージでとらえると理解しやすいであろう。レイヤー上のピクセルのない（何も描かれていない）部分は透明なので，下にあるイメージが透けて見えるという具合である。

・レイヤー❶

　複数のファイルのイメージを合成する場合は，コピー・ペーストの機能を利用することが多いであろう。コピー元となる画像で選択したエリアをコピーし，ファイルを切り替えて，ペースト先となる画像にペーストする。

　ペーストで貼り付けられたイメージは，新たなレイヤー上に作成される。レイヤーの状態は，レイヤーパネル（図5）で確認することができる。通常，レイヤーパネルの一番下には，背景レイヤーがある。レイヤーパネル内で上に位置するレイヤーが前面，下に位置するレイヤーが背面という前後関係になり，レイヤー名を上下にドラッグさせることで，その順序を変えることができる。なお，背景レイヤーはつねに最背面に位置したままである。

　このレイヤーの重ね順やレイヤーの描画モード，不透明度をコントロールすることで，さまざまな画像の合成イメージが作成できる。

●図5　Ps レイヤーパネル

▶ 3　画像のファイル形式

Photoshop で取り扱うことのできる画像のファイル形式のおもな種類は以下のとおりである。

● 表　画像のファイル形式

ファイル形式	拡張子	特徴
Photoshop	.psd	Photoshop で取り扱うことのできるすべての画像モード，レイヤー，ガイド，グリッドといった独自機能をサポートする。
BMP	.bmp	Windows 系 OS 上で使用される標準の画像ファイル形式。
CompuServe GIF	.gif	モノクロ 2 階調，グレースケール (256 階調)，インデックスカラー (256 色) をサポートし，イラストレーションなどの表現に適している。
Photoshop EPS	.eps	ラスター形式とベクター形式の両方に対応し，DTP (印刷) における標準画像形式。
JPEG	.jpg	グレースケール，RGB，CMYK モードをサポートし，画像圧縮により写真イメージのデータ量を抑えて表現するのに適している。
Photoshop pdf	.pdf	配信用電子文書のフォーマットで，Windows，Mac OS，Unix，DOS などで閲覧可能な汎用性のあるファイルフォーマット。
PICT	.pct	Mac OS 環境で標準的な画像ファイル形式として，多くの描画プログラムで使用されているファイル形式。
PNG	.png	GIF に代わるファイル形式として，256 色を取り扱う PNG-8 と，フルカラーに対応した PNG-24 がある。
TIFF	.tif	スキャナから読み込んだデータを保存するためのファイル形式で，ほぼすべてのペイント系ソフトウェアでサポートされている。
汎用フォーマット	.raw	異なるソフトウェアや OS 環境で，ファイルの読み込みと書き出しを行うためのファイル形式。

▶ 4　画像圧縮

　Webページをはじめとする情報通信において，データ量はデータ転送のスピードに直接的に関係するので，画像を圧縮してデータ量を減らす必要性は高い。

・JPEG 圧縮

　画像のファイル形式であるJPEGは画像圧縮技術の一つ。8ピクセル四方ごとに画像を解析し，知覚的に影響を与えない範囲で大まかに色を変換していく。細かい色の情報を省くことでデータ量を減らすが，画像の品質はオリジナルと比較して劣化してしまう。また，一度圧縮を行うと，元の状態に復元することはできないので，これを不可逆圧縮という。圧縮率を高くすると画質はより劣化し，ブロックノイズといわれるモザイク状のノイズが現れる。逆に，画質を保とうとすると圧縮率は高くならない。JPEGオプション（図6）のウィンドウで画質（圧縮率）を指定することができる。

●図6　Ps JPEG オプション

・Web 用に保存

　Photoshopの［ファイル］メニューから［Web用に保存］（図7）を選択して表示されるウィンドウでは，Webページに使用する画像データとして特化した，ファイル保存の設定が行える。ここでは，JPEG，GIF，PNGのファイル形式から，元画像と設定適用後の画像イメージを並べて比較しながら，設定の調整が行えるようになっている。画質とデータ量の相反する要素の，妥協点を探るときに有効なツールといえる。

●図7　Ps Web 用に保存

章末演習問題

Web ページで利用する画像データを整える

　ここまでで学んだ内容を踏まえて，Web ページ制作の中で使用する画像データを整えていこう。

　シャッターを切って撮影したそのまま手を加えていない状態の画像データは，他者に情報を伝えるためのビジュアルイメージとして，不完全なことが多い。

　情報を伝えるためのビジュアルイメージとして，基本的な調整を行うことが必要となる。

・水平垂直の補正

　撮影されたビジュアルイメージの中で，視覚的にポイントとなる要素や部分の水平・垂直を整える。

　Photoshop の水平・垂直の割り出しには，ものさしツール（スポイトツールのサブツール）を使用する。画面上の計測したいポイント間でものさしツールをドラッグすると，ツールオプションに計測結果が表示される。表示されている直線の両端を調整することで，計測ポイントの変更は自由に行える。

　ものさしツールで計測後，[イメージ] メニューから [画像の回転] → [角度入力] を選択すると，[カンバスの回転] が表示され，角度の入力スペースに水平もしくは垂直に補正するために入力すべき値が入力されている。

　そのまま OK すれば，回転した画像イメージが収まるよう，カンバスサイズが背景色で拡張される。

　補正前 (図 8) と補正後 (図 9) では，イメージの印象に違いがあることが認識できるであろう。

●図 8　水平垂直の補正前

●図 9　水平垂直の補正後のイメージ

・色調の補正

　同じ撮影対象であっても，撮影時の照明環境や条件によってデータとして記録される色彩の情報は，さまざまに変化する。撮影時の照明環境にかかわらず，自然な印象で色彩認知させるためには，色調の補正も重要となる。

　［イメージ］メニューの中の［自動トーン補正］，［自動コントラスト］，［自動カラー補正］の三つのメニューは，元データのもっているピクセルの色彩分布状況により，その効果の有効性に差はあるが，まずは実行してその効果を確認するに値するものである。

　さらには，p.31「構図」の内容なども再確認しながら，画像のトリミングなども行うこと。

●図10　色調の補正前　　　　　　　●図11　色調の補正後のイメージ

4章
映像メディア

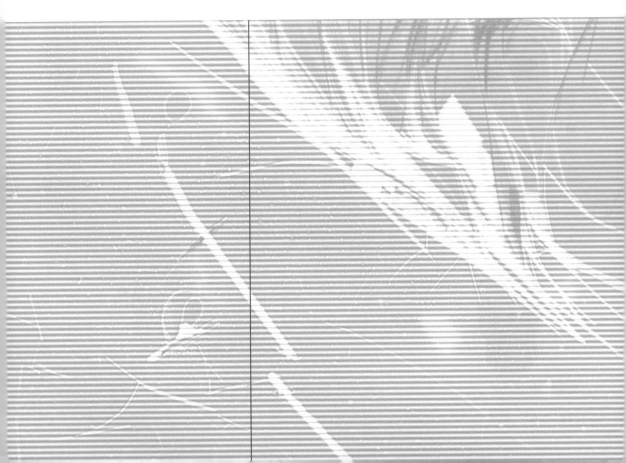

1 アニメーション

1 映像メディアの歴史

▶ 1 影絵からストリーミングまでの映像装置の仕組み

アニメーションはラテン語の anima（アニマ）を語源としており，生命を意味する。つまり絵に命を与えるという意味である。絵を動かすためにさまざまな映像技術が生みだされ，表現の可能性は広がった。現在も映像技術は進化の途中であり，映像表現は変化を続けている。まずは今までの映像技術の進化を知ることで，なぜ絵が動き，記録できるのかについて考える。

・影絵

影絵の歴史は古く，紀元前に中国の前漢書によって記述されている。その後，アジアの広範囲に広がり現在に至る。スクリーンを多くの観客とともに観ることができる❶。

●図1　影絵

・フリップブック (Flip Book)

いわゆるパラパラマンガである（図2）。絵が描かれた紙を束ね，連続してページをめくることにより絵が動くように見える。

・フェナキスティスコープ (phenakistiscope)

驚き盤とも呼ばれ，外周部分に放射状のスリット（切れ込み）を入れた円盤を使用する。観賞方法はスリットの間に絵を描いた円盤を回転させ，鏡に向かってスリットからのぞいて盤面を見る❷（図3）。

・ゾートロープ (zoetrope)

ゾートロープはフェナキスティスコープと同じ原理で，形状を円筒形にすることで鏡が不要となったもの（図4）❸。多人数での観賞が可能になった。

---

❶ 上映の視聴スタイルは，後にガラスに描かれた絵を投影する幻灯，ゾートロープを改良して動画を上映できるテアトル・オプティーク，フィルムを用いたシネマトグラフへとつながる。

●図2　フリップブック（フィロスコープ）

❷ スリットがシャッターとなる構造はその後の映写機やカメラなどの機構の基となるもので，1831 年にベルギーのジョゼフ・プラトーとオーストリアのサイモン・フォン・スタンファーがほぼ同時期に発明した。

●図3　フェナキスティスコープ

❸ 1834 年にイギリスの数学者ウィリアム・ジョージ・ホーナーが発明し，後にフランスの発明家エミール・レイノーによって 1877 年により高画質なプラキシノスコープ (Praxinoscope)，1892 年にスクリーン投影ができるテアトル・オプティーク (Theatre Optique) へと進化した。

●図4　ゾートロープ

- **キネトスコープ** (kinetoscope)

　キネトスコープ❶（図5）はカメラであるキネトグラフで撮影された50フィート（15メートル）のフィルムを使用する装置で、箱をのぞき見るように一人で鑑賞する。

- **シネマトグラフ** (cinematograph)

　シネマトグラフ❷（図6）はカメラと映写機が一体になったもので、機構的な部分や、スクリーンに投影される上映形態や興行の形まで、現在の映画すべての原形となった。

- **テレビ** (television)

　テレビは tele + vision の造語でギリシャ語の「遠い」の意味である "tele" と視力、視覚の意味である英語の "vision" を組み合わせた言葉で、遠くを見るという意味になる。画像を電気信号に変換し、電波やケーブルなどで離れた場所の装置に映像を再生する❸。

- **動画配信** (video stream)

　映像を共有するサービスとして YouTube が 2005 年にアメリカで開始、2007 年には映像配信を行えるビデオストリームのサービスを提供する USTREAM が開始するなど、多様な映像配信のサービスが行われるようになった❹。

2　映像装置の残像効果

　映像を再生する際に利用される人間の生体現象として残像効果がある。強い光を見た後に光が消えても、しばらくは光の跡が目に残るように、強い刺激が止んだ後も刺激が続いているように感じる現象である。残像効果によって、シャッターで目の前が遮られても、すべての映像装置で絵がちらついたり途切れたりせず、なめらかに動いているように見える（図7）。

●図5　キネトスコープ（左）
●図6　シネマトグラフ（右）

❶ 1891 年にアメリカの発明家トーマス・エジソンによって発明された。16 世紀のカメラ・オブスクラに始まる写真の歴史は 1889 年にはセルロイドを使ったフィルムをジョージ・イーストマンが発明することで、手軽に記録できるようになった。

❷ 1895 年にフランスのリュミエール兄弟によって発明され、12 月 28 日にフランスのグランカフェ地下サロン・ナンディアンで商業公開し、この日が映画誕生の日といわれるようになった。「工場の出口」「馬芸」「鍛冶屋」「ラ・シオタ駅への列車の到着」「赤ん坊の食事」「水を撒かれた水撒き人」など 12 作品が上映された。

❸ 画像を電気信号で伝送する試みは 19 世紀から行われていたが、1926 年に日本の高柳健次郎がブラウン管による電子式テレビ受像機を開発し、後に続くテレビの原形となった。

❹ インターネットの発達、記録メディアの大容量化、コンピュータの高性能化、効率的な映像圧縮技術の開発などにより、コンピュータでの映像の取り扱いが容易になった。

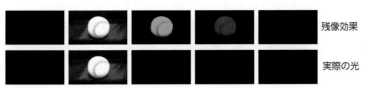

●図7　フラッシュ光の残像効果

2 アニメーションによる表現と手法

▶ 1 アニメーション制作の基礎

　生き物や自然現象などの動作を表現するのに，アニメーションでは多くの絵を描かなければならない。フィルムの場合は通常1秒間に24枚（コマ）を使用し，ビデオでは30枚（フレーム）の絵が必要である。その枚数すべてを描くアニメーションのことをフルアニメーションという❶。フルアニメーションは作画枚数が多いので制作には手間と時間がかかるが，なめらかで自然な動きを表現することができる。一方日本ではすべての絵を描くのではなく，少ない枚数で動きを表現するリミテッドアニメーションが主流で，独自の表現を確立している❷。リミテッドアニメーションでは，1秒間の作画枚数を12枚や8枚とするのが一般的である。これはアニメーションをフィルムで撮影していたためで，1枚の絵を1コマごとに撮影するのではなく，2コマ撮影❸や3コマ撮影❹により同じ絵を複数枚撮影する。ビデオは1秒間30枚（フレーム）となるので2コマ撮影の場合は15枚，3コマ撮影の場合は10枚の作画枚数となる（図1）❺。

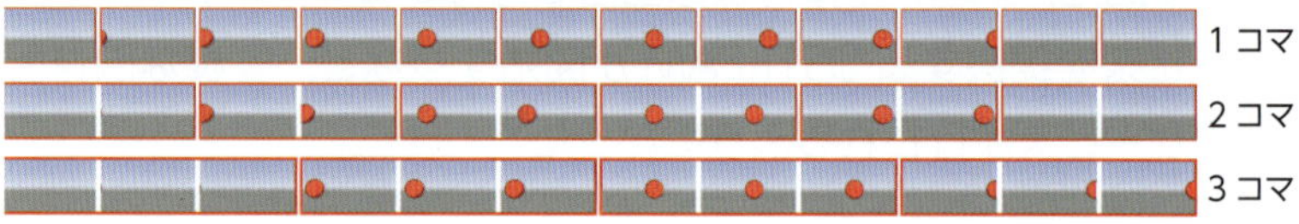

●図1　2コマと3コマ撮影

▶ 2 動き方の観察

　アニメーションによる動きを理解するために，まず身のまわりのものがどのように動いているのかを観察することが重要である。人はどうやって歩くのか，落ちたボールがどのように跳ねるのか，車はどうやって発進して停車するのか。私たちの身のまわりにある動きをよく見る必要がある。観察する方法としては，実際にいろいろな動きをビデオカメラで撮影し，1フレームずつコマ送りして確認することや，画面をなぞって作画してアニメーションを作成するロトスコープで作品作りをするのもよい。

　また，アニメーションらしい動きとして，走り出す前に大きく構えたりする予備動作や，停止するときの反動などの大げさにデフォルメされた特徴的な動きは，キャラクターを生き生きとさせる演出につながるので，アニメーション作品などでどのような動

---

❶ ディズニーのアニメーションは古くからフルアニメーションで制作されている。

❷ 生き物や自然現象の動きが本物の動き方ではなく，アニメーションらしい動き方と演出で表現される。

❸ フィルムでの2コマ撮影は1秒間24コマを12枚の絵で表す。（2コマ×12枚＝24コマ）

❹ フィルムでの3コマ撮影は1秒間を8枚の絵で表す。（3コマ×8枚＝24コマ）

❺ ビデオの3コマ撮影で1分間のアニメーションを作ると600枚（10枚×60秒）の絵が必要なので，30分のアニメーションなら18000枚（600枚×30分）作画しなければならない。実際のテレビアニメでは制作時間も限られるため，これだけの動画を作成することは難しい。そこでパーツごとに細かく描画する部分を分けたセルアニメーションや，歩くところなど一定の動きを繰り返して作画枚数を減らすループアニメーションなどの技法を使うことで作画枚数を減らす工夫をしている。

きの演出がなされているのかを，コマ送りして研究するのもよい。

▶ 3　アニメーションの材料探し

　アニメーションは絵を描く以外にも，さまざまなものがある。粘土を使ったクレイアニメーションや人形を使ったモデルアニメーションなどはコマ撮り（ストップモーションアニメーション）といわれるカメラで1コマずつ撮影する手法で制作する。カメラでコマ撮り撮影すればあらゆるものがアニメーションの材料として使用できる。身体を使ったピクシレーション，切り絵や写真を使ったコラージュ，定点観測のように一定時間で連続的に撮影するタイムラプスなど，技法や素材は何でもよい（図2〜図4）。

●図2　ドローイングアニメーション
（ワンダー，水江未来）

●図3　砂アニメーション
（8月の砂猫，飯面雅子）

▶ 4　送り描きと中割り

　例えば，9枚でボールが左から右に移動するアニメーションを作画する場合の描き方として，パラパラマンガのように順番に描いていく方法を「送り描き」という。手軽に作成することができるが，動きのタイミングを合わせることが難しい。そこでキーとなる動きと描画枚数を決めることでタイミングを合わせる「中割り」という手法を用いる。中割りでの作画方法はまず，1枚目に左端にあるボールを描き，9枚目に右端にあるボールを描く。次に1枚目と9枚目の絵を重ねて，中央に5枚目となるボールを描く。次に1枚目と5枚目を重ね，中央に3枚目を描く。以上を繰り返し，7，2，4，6，8と間を埋めるように描くことで，9枚目に目的の場所へボールを移動させることができる。さらに5枚目を描くときにボールを少し左にずらせば加速する動きとなり，右にずらせば減速する動きとなるようなスピードのコントロールまで容易に行うことができるのが中割りの利点である。

●図4　ストップモーションアニメーション
（オオカミはブタを食べようと思った，竹内泰人）

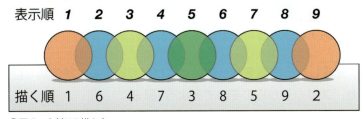

●図5　中割りの描き方

1節　アニメーション

演習問題

1　フェナキスティスコープの制作

円盤にループするアニメーションを描くフェナキスティスコープを制作してみよう。

(1) 12分割されたスリットのあいた円盤を用意し，それぞれのスリットの間に作画をする。

●図6　フェナキスティスコープ盤面

(2) 作画時の注意として12枚でループするように動きを考えながら，できるだけはっきりとした線や色で作画する。キャラクターが動くものだけでなく，渦巻き状に点を配置したり，ランダムな線を書き加えるのも面白い動きとなる。円盤を割り箸などの棒に画びょうで止め，鏡に向かって円盤を回転させる。何度も修正してみたり書き加えたりして完成させる。

●図7　フェナキスティスコープ参考作品

(3) 完成したら円盤を割り箸などにピンで固定し，鏡の前で回転させ，スリットからのぞいてみよう（図8）。

●図8　フェナキスティスコープの観賞

2　ピクシレーションの制作

　身体を使ってアニメーションを撮影する❶ピクシレーション(図9)を制作してみよう。

(1) ディジタルカメラを三脚に固定しカメラの前で少しずつ身体を動かし撮影をする。日常的な動作として歩く動きなどを表現してみると，日常どのように身体を動かしているのかを考えるよい機会となる。

(2) さらに少し工夫をした動作を撮影すると面白い効果が得られる。例えば身体を直立させたまま移動し撮影する，ジャンプし飛んでいる瞬間だけを撮影するなど，日常ではありえない映像を撮ることができる。

(3) 撮影が完了すればコンピュータなどで動画に変換する。ムービーメーカーを使用し，静止画をつなぎ合わせ動画に変換する。
　［ビデオおよび写真の追加］より素材を読み込み，［すべて選択］した後に，［編集］メニューから再生時間を 0.1 などに設定する。

❶ このアニメーションの制作にはディジタルスチルカメラが必要となる。
ディジタル一眼レフなどの場合は露出やフォーカス，ホワイトバランスがマニュアル操作できるものが撮影しやすい。オートで撮影してしまうと1コマずつ絵の状況が変化してしまい，肝心の動きがよくわからなくなってしまうので，各操作項目をマニュアルで固定して撮影するとよい。

●図9　ピクシレーション参考作品

●図10　ムービーメーカー編集画面

　完成したアニメーションはコンピュータで再生するだけでなく，フリップブックとしてプリントアウトしても面白い(図11)。

●図11　フリップブック出力例

3　ロトスコープの制作

　ロトスコープとはビデオカメラで人など 2 〜 3 秒の題材をあらかじめ撮影し，その動きや形をトレースしてアニメーションを作成することで，よりリアルな表現をすることができる技法である。

(1) 動画撮影した映像をコンピュータに取り込み，映像再生アプリケーションで表示させる❶。

(2) 1 秒間 10 フレームの作画でも充分な動きを表現できるので，キーボードの左右の矢印などで表示フレームを変更し，3 フレームごとにプリントアウトする。

(3) プリントアウトした画像になるべく薄い紙を載せ，下絵を透かして人の輪郭や背景を簡単になぞって絵を描く (図 12)。
紙を替える際に毎回紙がズレないように机などにテープで印を付けておく (図 13)。

(4) 作成した全フレームをアニメーションがズレないようにカメラで撮影 (図 14) するか，スキャナーでコンピュータに取り込み，静止画ファイルをムービーメーカーで動画ファイルに変換し，「ムービーの保存」から Web ブラウザで表示できる形式である「YouTube」を選択し出力する。

❶ コマ送りやコマ戻しができる動画再生アプリケーションソフトウェアは，GOM Player や QuickTime Player などがある。

●図 12　薄い紙を載せる

●図 13　紙の固定

●図 14　カメラ撮影

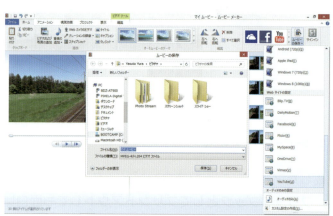
●図 15　ムービーの保存

4　GIF アニメーションの制作

　Web ページなどでも広く使用されている GIF アニメーション❶を制作してみよう。

(1) Photoshop を起動し，[ファイル] メニューから [新規] 書類を作成する。幅 320 ピクセル，高さ 180 ピクセル，解像度 72ppi，カラーモード「RGB カラー」，カンバスカラー「透明」と設定する。

(2) アニメーションに必要な枚数だけレイヤーを作成し，1 レイヤーに対し 1 枚の絵を描く (図 16)。

(3) [ウィンドウ] メニューから [タイムライン] を選択し，タイムラインパネル内のプルダウンメニューから [フレームアニメーションを作成] を選択し，クリックするとタイムラインパネルが表示される。タイムラインパネルのメニューから [レイヤーからフレームを作成] を選択すると，パネルにレイヤー分の数のフレームが作成される (図 17)。

●図 17　Ps タイムラインパネル

(4) 全フレームを選びフレーム下部にある [フレームのディレイを設定] を押し，コマ送りの時間を 0.1 秒に設定する。用途に応じて秒数を変更してもよい (図 18)。

(5) 再生ボタンを押すとアニメーションが再生される。ループオプションで「無限」を選ぶと無限にループする (図 19)。

(6) [ファイル] メニューから [Web 用に保存] を選択，GIF 形式で保存し，Web ブラウザで表示再生する (図 20)。

❶
GIF アニメーション
Graphics Interchange Format のマルチイメージを使用したアニメーションである。動画ファイルではなく静止画ファイルの拡張なので，ほとんどの Web ブラウザやプレーヤーで再生できるが，音声が扱えない，1 画面の色数が少ないなどの制約がある。Photoshop などのグラフィックスアプリケーションで簡単に作成することができる。

●図 16　Ps レイヤー

●図 18　Ps フレームディレイを設定

●図 19　Ps ループオプション

●図 20　ブラウザで再生

1 節　アニメーション

2 ビデオ

1 ビデオフォーマット

　コンピュータ技術の発達によりビデオ技術は大きく変化・進化をした。中でもテープベースであったアナログ方式からファイルベースのディジタル方式へと変化し，技術が大きく進化した。
　アナログからディジタルへと移行したことで，画質が向上し，コンピュータでの映像の取り扱いが簡便になり，機材や環境が充実したことで制作が容易になった。特殊な機材を必要とせず映像制作ができるので，多くの映像コンテンツがインターネットなどで発表されるようになった。

▶ 1 テレビ映像の規格

・NTSC方式

　日本のテレビはアメリカで開発されたNTSC❶規格に基づいて設計されている。規格によって表示形式が定められているので，異なるメーカーの機器を接続し使用しても問題はない。世界にはPALやSECAMなどの方式もあり❷，それぞれの方式には互換性はない。NTSC方式のDVDをPAL規格のプレーヤーで再生してもテレビには表示できない❸。

・表示方法

　テレビ画面は，水平な走査線という線を上から下へ順番に描画して表示する。走査線が上から順番に描かれる際に1本ずつ飛ばして1枚のフィールドが描かれるインターレース（飛び越し走査）といわれる方式で描画する。走査線に番号を付けるとすると，奇数番の走査線で描かれた上位フィールドと偶数番の走査線で描かれた下位フィールドが順番に表示されて1枚のフレームとなる（図1）。1秒間30フレームの倍に当たる60フィールドで表示できるので，動きは滑らかになるが，1フィールドの解像度は低くなる。またインターレースに対して飛び越し走査をしないプログレッシブという方式もある。1秒間のフレームレート（フレーム数）は30枚となるので動きはぎこちなくなるが，表示される画像は解像度が倍になり高画質となる。コンピュータでの表示はプログレッシブ方式である。

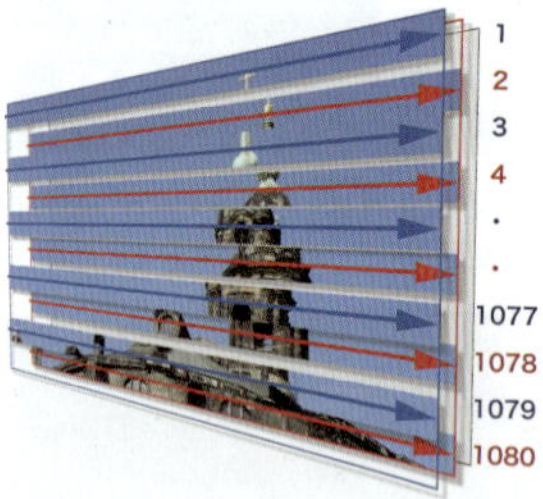

---

❶ NTSCは全米テレビ放送方式標準化委員会(National Television System Committee)規格に基づいて設計されている。NTSCはアメリカ，日本，韓国，台湾，カンボジア，フィリピンなどの国々で採用されている。

❷ ヨーロッパ諸国や中国などはドイツで開発されたPAL方式を採用している。フランスで開発され，ロシアを中心に使われるSECAM方式も存在する。

❸ ディジタル化された現在も各方式は存在しているが，HD映像作成時での差異はほとんどなく，違いはフレームレート（秒間の動画再生枚数）がNTSCでは30フレーム，60フィールドに対し，PALでは25フレーム，50フィールドとなる。

●図1　走査線

・タイムコード

　フレームにはタイムコードといわれる通し番号が記録されている。その番号を時間・分・秒・フレームの形式で表示している。これはビデオ等に記録された映像を編集する際に，編集点の位置を把握するために，映像信号に付加して記録する位置情報信号となる[1]。

▶ 2　画面比率と解像度

　標準解像度のものは SD（Standard Definition）と呼ばれ，NTSC での総走査線数は525 本，ディジタル処理をする場合は動画解像度が 640 × 480 となる。DVD などでは 720 × 480 の長方形ピクセルを使用する。画面比率は 4：3 が多く，解像度は同じでもピクセルの形を変えることで 16：9 の画面比率で表示することができる[2]。

　現在の地上波ディジタル放送の解像度は 1440 × 1080 で，この解像度は HD（High Definition）と呼ばれ高解像度映像のことを意味する。また BS 放送や Blu-ray Disc で使われる解像度は 1920 × 1080 とさらに高く，フル HD と呼ぶ。さらに 4K といわれる次世代 HD テレビが登場してきている。4K の解像度は 3840 × 2160 で，画面比率はすべて 16：9 となる[3]。アナログ時代は規格だけでなく放送形式や信号の記録方式，画像解像度なども細かく規定されていたが，ディジタルが主流となった現在の環境では解像度とフレームレートが違う程度になっている（図 2）。

[1] テレビやビデオは 1 秒間にフレームは 30 枚，フィールドは 60 枚表示することで動画を表現しているが，画面描画のタイミングの都合上 1 秒間の正確なフレームレートは 29.97 フレームとなる。このタイムコードをドロップフレームといい，使用媒体をテレビに想定している多くのビデオ機器などで使用されている。また完全に 1 秒間 30 フレームとしたタイムコードをノンドロップフレームといい，コンピュータで使用する映像などはこちらを使用することが多い。

[2] 正方形ピクセルを使用するコンピュータで 16：9 を表示する場合に 853 × 480 を使用することもある。

[3] ハイビジョンという表記も多くあるが，これは日本だけの呼び名で，世界的には HDTV が標準的である。

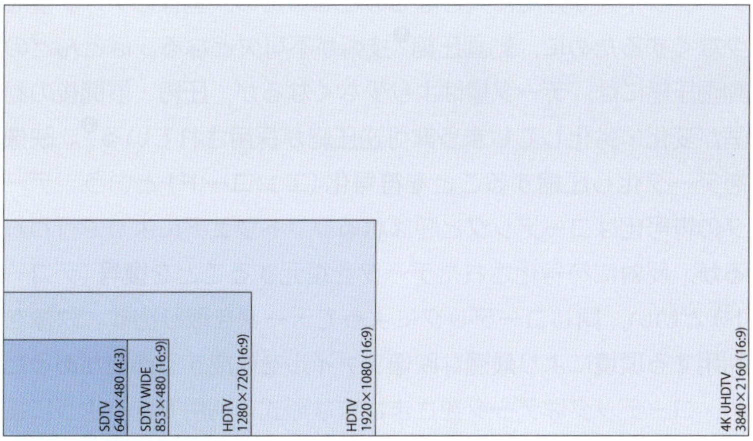

●図 2　画面比率と解像度

● 表　画面比率と解像度

	解像度	画面比率	ピクセル形状		フレームレート
SDTV Standerd Definition Television	640 × 480	4:3	正方形 ピクセル アスペクト 1.0		24p 30p
	853 × 480	16:9	正方形 ピクセル アスペクト 1.0		24p 30p
	720 × 480	4:3	長方形 ピクセル アスペクト 0.9		24p 30p 60i
	720 × 480	16:9	長方形 ピクセル アスペクト 1.2		24p 30p 60i
HDTV High Definition Television	1280 × 720	16:9	正方形 ピクセル アスペクト 1.0		24p 30p 60p
	1440 × 1080	16:9	長方形 ピクセル アスペクト 1.3		24p 30p 60i
	1920 × 1080	16:9	正方形 ピクセル アスペクト 1.0		24p 30p 60i 60p
4K UHDTV Ultra High Definition Television	3840 × 2160	16:9	正方形 ピクセル アスペクト 1.0		24p 30p 60p 120p
8K UHDTV Ultra High Definition Television	7680 × 4320	16:9	正方形 ピクセル アスペクト 1.0		24p 30p 60p 120p

i はインターレース，p はプログレッシブ

▶ 3　ディジタルビデオ

　現在では，簡単にコンピュータで映像を扱うことができる。そのきっかけとなったのは QuickTime や AVI などの動画フォーマットが登場したことである。これらはコンピュータで映像を再生するための技術で，映像をコンピュータのファイルとして扱うことができるようになった。

　また動画をコンピュータに取り込んで作成されたファイルのデータサイズは非常に大きなものとなるため，画像のデータ量を少なくするために，動画圧縮❶技術が不可欠となる。ほとんどの動画圧縮には，データ量はより少なくなるが，圧縮・展開後の動画が変化・劣化してしまう非可逆圧縮が採用されている❷。映像をデータ化し圧縮することを**符号化**（エンコード）という。データの符号化は**コーデック**と呼ばれるソフトウェアによって行われるが，反対に符号化されたデータを復元することを**復号**（デコード）といい，同じコーデックによってデータを取り出す。映像を利用する環境により最適な映像ファイルを作成する必要があるため，コーデックはデータをさまざまな形式で利用できるように拡張することができる。

❶
動画像圧縮方法には空間圧縮と時間圧縮がある。
空間圧縮はフレーム（フィールド）内で画像圧縮をし，静止画の集まりとして動画を保存している。映像としてのファイルサイズはある程度大きくなるが，1 枚のフレームが独立しているために映像編集に向いている。
時間圧縮はフレーム間で動きのある部分を抽出し保存する。他の動かない部分などを複数のフレームで共有し，まとめて圧縮するため，映像としての圧縮効果が高くなるが，1 枚のフレームを構成するために複数のフレームを参照し復元しなければならないため，映像編集には向いていない。HD 収録のコーデックには，ファイルサイズが小さくなる時間圧縮が多く採用されている。

❷
ディジタルデータであっても非可逆圧縮を繰り返すと画像は劣化する。

ビデオファイルではファイル形式をコンテナフォーマットと呼び，そのコンテナに収納する圧縮された映像ファイルをビデオコーデック（別途オーディオコーデックも必要）という（図3）。

また符号化された映像や音声は，使用される情報量によって画質や音質が変化する。その情報量のことを**ビットレート**という。

ビットレートは bps（bits par second）という単位で表し，これは1秒間に転送するデータ量のことで，データ量が多いほど高画質，高音質になる。その反面ファイルサイズが大きくなるためデータ量を一定に使用し急な変化にも対応できる固定ビットレート（CBR, Constant Bit Rate）と，状況によってビットレートが変化し全体のファイルサイズを少なくできる可変ビットレート（VBR, Variable Bit Rate）を使い分ける。

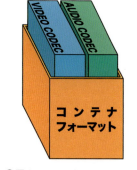

●図3 コンテナフォーマットとコーデック

▶ 4 代表的なコンテナフォーマット

・QuickTime

1991年にアップル社によって開発された。Mac OS では OS 内部に組み込まれ標準で使用できる。Windows ではアプリケーションをインストールすると使用できる。さまざまなコーデックに対応する。

・AVI (Audio Video Interleave)

1992年にマイクロソフト社によって開発された。Windows 環境では標準で使用できる。当初ファイルサイズが2GBの制限があったため，1996年に AVI2.0 へと拡張された。さまざまなコーデックに対応する。

・MP4

国際標準化機構（ISO）と国際電気標準会議（IEC）によって策定された MPEG コーデックを格納するコンテナフォーマットの一つ。

・AVCHD (Advanced Video Codec High Definition)

2006年5月に松下電器産業（現：パナソニック）とソニーが基本仕様を策定した HD 動画記録コンテナフォーマット。コーデックに H.264/MPEG-4 AVC 方式を採用❶。

❶ ビデオカメラの収録に多く使われている。2011年には 3D や 60p，高画質化など仕様が拡張された AVCHD2.0 が策定された。

▶ 5 代表的なコーデック

・MPEG (Moving Picture Experts Group)

　産業や大学および研究機関の専門家による集団である Moving Picture Experts Group が策定した映像圧縮技術である。規格として MPEG-1，MPEG-2，MPEG-4 などがあり，MPEG-2 は DVD や地上波ディジタル放送などで使用されており，MPEG-4 はビデオカメラや Blu-ray Disc などで使用されている。MPEG での動画圧縮はおもに空間圧縮と時間圧縮を複合した圧縮方法を使用する。

・H.264

　ITU（国際電気通信連合）と ISO（国際標準化機構）によって策定されたコーデックで，MPEG4 の一部としても規定されている。携帯電話から Blu-ray Disc，ビデオカメラ，ネット配信と多方面で使用されている。

▶ 6 目的に合わせて使い分けるコンテナフォーマットとコーデック

(1) 視聴や配布のために使用されるコンテナフォーマット（コーデック）としては，以下のものがある。

		コンテナフォーマット（コーデック）
テレビでの視聴	ディジタル放送	MPEG-2TS (MPEG2)
	DVD	MPEG-2PS (MPEG2)
	Blu-ray Disc	m2ts (MPEG2，MPEG4)
コンピュータでの視聴	ブラウザやプレーヤー	WMV, Flash Video, QuickTime, MP4 など
携帯端末での視聴	ブラウザやプレーヤー	QuickTime (H264), MP4 (H264, MPEG4) など

(2) 撮影と編集のために使用されるコンテナフォーマットとしては，以下のものがある。

		コンテナフォーマット
コンピュータでのコンテナフォーマット	SD，HD	Quicktime, AVI
カメラ収録でのコンテナフォーマット	SD	DV, Quicktime など
	HD	AVCHD, MP4, HDV, QuickTime など

(3) 編集のためのコーデックとしては，以下のものがある。

		コーデック
撮影と編集のためのコーデック	SD 編集時のコーデック	DV, DVCAM など
	HD 編集時のコーデック	Quicktime：Apple Intermediate, ProRes など
		AVI：Grass Valley Codec など

2 撮影と照明

カメラで撮影する際に覗(のぞ)くところをファインダーという。ファインダーは発見者の意味であり，つまり，カメラは撮影者の眼なのである。空間の切り取り方や写し方によって意味は変わる。

▶ 1 カメラのしくみ

カメラは光を記録する装置である。レンズは光を集め，その光をフィルムや撮像素子❶に記録するのである（図1）。

適切な画像をフィルムや撮像素子に記録するためには一定量の光量が必要で，少ないと暗く，多いと明るい画像となる。

光量は絞りとシャッタースピードで調整する。絞り（アイリス）はレンズから光を通す量を調整し，シャッタースピードは光を通す時間を制御する。暗い場所で撮影する場合は，光を多く採り入れるために絞りを大きく開け，シャッタースピードを遅くしたり，フィルムや撮像素子の感度（ゲイン）を上げたりして暗さを補う。それでも光量が足りない場合は照明を使用する（図2）。

▶ 2 カメラアングル

画面を作り出すためには**カメラアングル**が重要である。カメラ（視聴者）と被写体の距離や高さ，角度によって画面のもつ関係性や意味は変化する。また，画角（撮影される範囲）によって画面に入れる情報量も制御する必要がある。カメラアングルは映像内容や意図で決定することになる。

(1) カメラの高さ

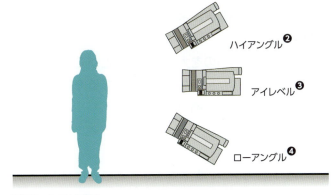

●図3　カメラの高さ

---

❶
撮像素子とは光を電気信号に変換する装置で，イメージセンサとも呼ばれる。ビデオカメラに使われるもので一般的なものはCCD（Charge Coupled Device）とCMOS（Complementary Metal Oxide Semiconductor）がある。

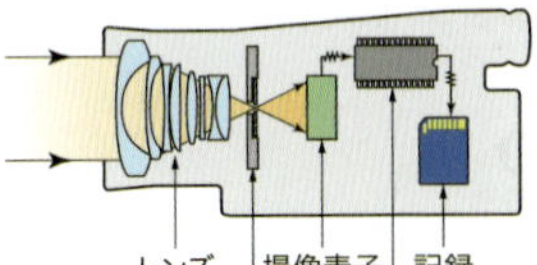

●図1　カメラ

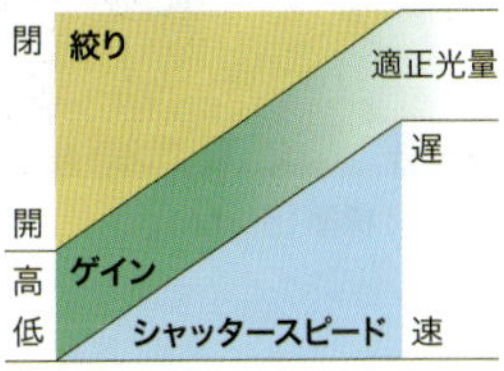

●図2　光量

❷
ハイアングル
高い位置から見下ろす角度で撮影されたもの。

❸
アイレベル
人の目の高さで撮影されたもの。

❹
ローアングル
低い位置から見上げる角度で撮影されたもの。

❶
広角
35mmフィルムカメラでは焦点距離が28mm程度のレンズをいう。さらに広い超広角もあるが，魚眼効果になり画面は大きく歪む。

●図5　広角(28mm)

❷
標準
35mmフィルムカメラでは焦点距離が50mm前後のレンズをいう。

●図6　標準(50mm)

❸
中望遠
35mmフィルムカメラでは焦点距離が100mm前後のレンズをいう。

●図7　中望遠(100mm)

❹
望遠
35mmフィルムカメラでは焦点距離が200mm以上のレンズをいう。

●図8　望遠(280mm)

(2) 被写体との距離

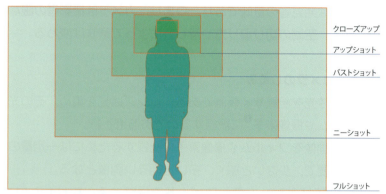
●図4　距離と撮影範囲

(3) レンズによる画角

　画角は画面の中にどれだけの情報を入れるのかを決定する。被写体とカメラの距離で変化するが，レンズの種類によっても画角は大きく変化し，背景の入り込み具合は異なる。

・広角❶（図5）
　画角が広いことで，より多くのものが画面に入る。遠近感が強調される。被写界深度は深い（ピントの合う範囲が広い）。

・標準❷（図6）
　人の眼の視野に近い画角といわれる。遠近感も自然で，画面の歪みも少ない。

・中望遠❸（図7）
　標準と望遠の中間の画角で，被写界深度が浅い（ピントの合う範囲が狭い）ため背景がボケるのでポートレートなど人物撮影に向いている。また圧縮効果により遠近感が少ない画面となる。

・望遠❹（図8）
　画角が狭く，遠くのものを大きく写すことができる。被写界深度はレンズの焦点距離が長くなるほど浅くなるので，背景のボケも大きくなる。圧縮効果も高い。

(4) カメラワーク

　映像は撮影時にカメラの動きを表現することができる。カメラを動かすことをカメラワークという。

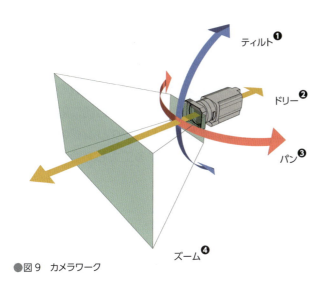

●図9 カメラワーク

❶ ティルト（アップ，ダウン）
上下にカメラの向きを変えることをティルトという。

❷ ドリー（イン，バック）
カメラ自体を前後に移動させ被写体を拡大，縮小する。

❸ パン（レフト，ライト）
左右にカメラの向きを変えることをパンという。

❹ ズーム（イン，アウト）
レンズ効果で被写体を拡大，縮小する。

❺ レフ板は光を乱反射させて柔らかい光をつくり出す効果がある。自作する場合，段ボールなどにアルミホイルの裏側を上にして貼るとよい。また白い紙や白い布などでもレフ板の代用はできる。

3 照明

　照明とは，明かりを照らすことではなく，影をつくることである。光を当てすぎると立体物は平板になり，立体感を失ってしまう。立体的に見せるには，影をいかにつくり出すかが重要になる。影が濃くなると画面は硬質なイメージをもつ。一般的に影を柔らかくするほうが自然に見える。太陽光は晴天下では影が濃くなるので，影を柔らかくするためにレフ板❺を使用する。

　また，光源が被写体の向こう側にあると，被写体は暗くなり逆光となる。逆光時にもレフ板や照明を使い，被写体を照らすことで逆光を緩和することができる。

　室内での撮影では照明が必要となる。照明も影が濃くなりすぎるので，1灯だけで使用することはあまりない。照明は3灯使用するのが基本である（図10）。メインの照明はキーライトという（図11）。これは被写体の斜め前から光を当てる。正面から光を当てると影がなくなり，立体感がなくなってしまうからである。キーライトでできた影をフィルライトで薄くする（図12）。そして輪郭を浮き立たせ，背景と分離させるために被写体後方からタッチライトを当てる（図13）。

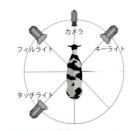

●図10　3点照明

●図11　キーライトのみ

●図12　キーライト＋フィルライト

●図13　キーライト＋フィルライト＋タッチライト

2節　ビデオ

3 3Dグラフィックス

1 モデリング

モデリングとは,コンピュータを使用して3次元の形のデータを制作することで,作成されたデータをオブジェクトという。データ作成の方法は,数値入力や図面で作成する,粘土をこねるように直感的な操作でオブジェクトを作成する,複数の形を合成する,プログラミングで作成するなど,用途や目的に応じて適切な手段を選ぶことができる。また作業やレンダリングの時間を短縮するために,できるだけ形を単純にする工夫も必要となる。

▶ 1 形をはかる,見る,とらえる

モデリングするためには,まず対象物の形をよく観察することが重要である。3Dグラフィックスは視覚から入る情報がすべてであるといっても過言ではない。縦と横の比率,大きさなど形がくずれると違うものに見えてしまう。モデラーではサイズを数値で入力をすることができるので,対象物のサイズをはかっておくと,より正確なモデリングができる。

(1) 3Dモデリングの基礎

3DとはThree Dimensionsのことで,3次元という意味である。3次元とはx軸(幅),y軸(高さ),z軸(奥行き)の三つの軸(図1)で表された立体的な空間のことである。その3次元空間をコンピュータ上に再現し,視覚化するのが**3Dグラフィックス**である。

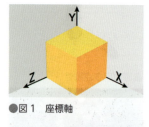

●図1 座標軸

・三面図

モデリングは基本的に平面であるコンピュータの画面で作業を行うために,3次元のオブジェクトや空間を2次元で扱わなければならない。そのためオブジェクトを制作するモデリングソフトウェアでは,正面,上面,側面のそれぞれの面を写した三面図といわれる展開図(図2)で形状を把握し,3Dオブジェクトの編集作業を行う。

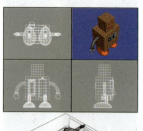

●図2 三面図

・ポリゴン

　3Dモデルの基本的な考え方はポリゴンモデルである。**ポリゴン**とは3DCGにおける面のことで，最小構成は3つの頂点（ポイント）からなる三角ポリゴンである。3DCGの世界ではこの三角ポリゴンの組み合わせによってあらゆる面を表現することができる。例えばポリゴンで作成された球のオブジェクトは，球に見えても厳密には球ではなく，データとしては多くの平面で構成される多面体ということになる（図3）。ポリゴンが多くなるほど，なめらかな球に見えるが，ポリゴンの使用数によってデータサイズやレンダリング（演算にて画面をつくること）時間が変化するので，できる限り少ないポリゴンで制作することが必要になる。またポリゴンの集まりのことをメッシュといい，ポリゴンは三角だけでなく，多角形ポリゴンもある。

●図3　ポリゴンで作成した球

・サブディビジョンサーフェイス

　一般にポリゴンで作成したオブジェクトは，なめらかな表面を作るためにはポイント（頂点）やポリゴンの数を増やす必要があるためモデリングが難しくなるが，サブディビジョンサーフェイスは少ないポリゴンデータを基に曲面を自動生成することが可能となる（図4）。鋭角な表現には向いていないが，曲面が多く含まれる有機的なオブジェクト制作に適している。

　曲面を作成するためには，ナーブス（NURBS）❶という技術を利用する。これはポリゴンメッシュといわれる網目で制御点を操作することによって曲面を作り出す。複雑な図形を表現するためにはポリゴンメッシュを細かくし，制御点を多くすると可能だが，操作が困難でデータが大きくなるため，制御点それぞれにウェイトと呼ばれる曲面に対しての影響力の調整を行うことで，複雑な図形を少ない制御点で表現することができる。

●図4　サブディビジョンサーフェイス

❶
NURBSはNon-Uniform Rational Basis Spline（非一様有理Bスプライン）の略でスプライン曲線で曲面を表現するためのものである。

3節　3Dグラフィックス　89

(2) 3Dモデルの種類

3Dモデルには，目的に応じていくつかの種類がある。

・ワイヤーフレームモデル (図5)

頂点をつないだ線のデータのみで表示されるモデル。面のデータを処理しないので非常に表示は早いが，奥行き等の把握が難しくなる。そのため見えない線を表示しない陰面処理を施す場合もある。モデリング時には，おもにワイヤーフレームモデルで編集する。これはポイントやポリゴンの位置を把握しやすくするためである。

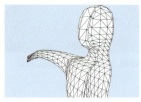
●図5　ワイヤーフレームモデル

・サーフェイスモデル (図6)

主要な3Dソフトウェアで多く使用されている3Dモデルの表現方法で，表面の情報しかもたずハリボテのように中身は詰まっていない。さらに通常ポリゴンは片側の情報しかもたず，裏返すと見えなくなる。これは見えない部分の情報をなくすことでコンピュータの負担を少なくするのが目的である。

●図6　サーフェイスモデル

・ソリッドモデル (図7)

サーフェイスモデルに対し，オブジェクトの中身の情報ももっているモデルで，重量や強度等の表現や計算が必要なCADなどで使用される。

●図7　ソリッドモデル

❶
Blenderの日本語化
メニューなどの表示を日本語にするには，[File]メニューより[User Preference]を選択し，初期設定ウィンドウを表示する。ウィンドウ上部の[System]タブを押し，右下の[International Fonts]にチェックを入れると現れる[Language]から「日本語」を選択する。下の[Transrate]にある，[Interface] [Tooltips] [New Data]それぞれをオンにする。
http://blender.jp

▶ 2　Blender基礎

3DソフトウェアであるBlender❶を使って，モデリングの基礎を解説する。

Blenderを起動すると，まずいくつかのウィンドウで構成された画面が表示される。それぞれの名称と機能は次のとおりである (図8)。

●図8　Blender 初期画面

・info ウィンドウ
　一番上にある作業エリアを Info ウィンドウといい，ファイル操作やレンダリング，ウィンドウの切り替えなどを行う。

・3D View ウィンドウ
　3D オブジェクトの作成からレイアウト，アニメーションの設定，撮影までをこのウィンドウで行う。
　[ビュー] メニューよりカメラ画面や四分割表示 (三面図) を切り替える。

・アウトライナー ウィンドウ
　シーンに配置されているオブジェクトを確認するウィンドウで，各アイコンをクリックし各アイテムを直接指定することができる。

・プロパティ ウィンドウ
　オブジェクトやマテリアル，レンダリングなど各機能の編集や設定を行う。コンテクストボタンにより各種設定を切り替える。

・タイムラインエディタ ウィンドウ
　アニメーション作成に必要な情報を設定し，プレビュー再生を行う。

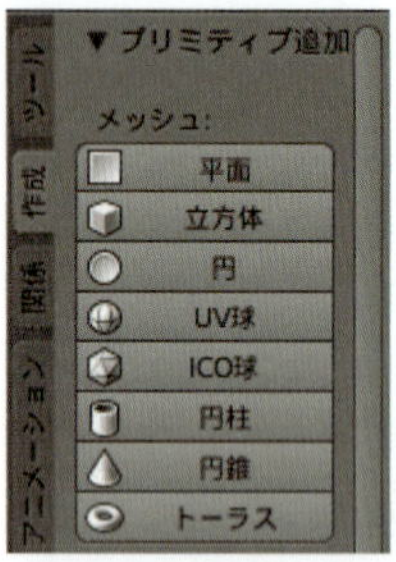

●図9　プリミティブ追加

●図10　マニュピレータハンドル

●図11　トランスフォーム移動

●図12　トランスフォーム回転

●図13　トランスフォーム拡大

演習問題

■基礎メッシュを組み合わせたモデリング

Blenderを起動すると最初から立方体が用意されている。この立方体の上にカーソルを合わせ，右クリックをすることで選択することができる。

(1) 基本形からオブジェクトを作成するには[作成]タブの中に[プリミティブ追加]があり(図9)，[メッシュ]の中にはいくつかの基本的な形が登録されている。円柱をクリックすると3D VIEWエディタに円柱が現れ，そのオブジェクトの中心にある青，赤，緑のマニュピレータハンドルをドラッグすると，それぞれの方向に移動することができる(図10)。

(2) [3D View ウィンドウ]の下にあるヘッダーの[トランスフォームマニュピレーター]で，移動(図11)，回転(図12)，拡大(図13)を切り替え，オブジェクト中央のハンドルを使い操作する。細かな調整が必要な場合は，「プロパティウィンドウ」にあるコンテクストボタン[オブジェクト]より[トランスフォーム]で，数値によって指定することもできる(図14)。

(3) その他のプリミティブに関しても，同様に作成と編集が行える。積み木のようにプリミティブを組み合わせるだけでもさまざまな形をモデリングすることができる。

(4) [3D View ウィンドウ]の下にあるヘッダーの[ビュー]メニューより[カメラ]に切り替え，[アウトライナー ウィンドウ]より[Camera]を選択し，[プロパティウィンドウ]にあるコンテクストボタン[オブジェクト]より[トランスフォーム]を修正し，カメラアングルを確定後，[Info ウィンドウ]の[レンダー]メニューより[画像をレンダリング]を選択し，完成画像を確認する。[レンダー]メニューより，[レンダービューを表示/隠す]を選択し，元の[3D View ウィンドウ]表示に戻す(図15)。

●図14　プロパティウィンドウ

●図15　レンダーメニュー

2　マテリアルとテクスチャ

　モデリングされたオブジェクトのデータとしては，地球とピンポン球の違いはない。どちらも球のデータである（図1）。実際には大きさや質量などまったく違うものである。しかし重さや大きさなどを映像で伝えることは難しい。伝えるためには「重そう」「大きそう」と視聴者に連想してもらわなければならない。つまり映像の視覚情報として両者の違いは見た目だけなのである。サーフェイスモデルのCGは中身がなくハリボテの世界だ。そのハリボテに色や質感を与え，コンピュータデータでは存在しない手触りや重さを想像させるのがマテリアルである。マテリアルにはさまざまな設定項目があり，その数値で見た目は大きく変化する（図2）。

●図1　テクスチャ（柄）の比較

●図2　マテリアル（質感）の比較

▶ 1　マテリアルの種類

　おもな設定項目として以下のものがある。

●図3　マテリアルプロパティ

3節　3Dグラフィックス

●図4 基本色

●図5 ディフューズ

●図6 スペキュラー

●図7 シェーディング

●図8 鏡面反射

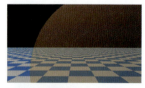

●図9 透明度

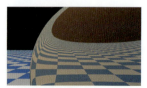

●図10 屈折度

・**基本色**（図4）
　ポリゴンに色を付ける。オブジェクト全体やポリゴン単位など単純な着色しかできないため，細かな表現はできない。

・**ディフューズ（拡散）**（図5）
　ポリゴンに当たった光が，どのくらい拡散するのかを設定する。これにより表面の明るさが変化をする。

・**スペキュラー（反射）**（図6）
　おもにハイライトの表現で，ポリゴンに当たった光がどの程度ポリゴンに映り込むのかを設定する。ハイライトはシャープに映り込むと硬質に見え，ぼやけると柔らかく見える。

・**シェーディング**（図7）
　表面が発光するマテリアル（生地）で，光源の作成などに使う。また陰影を消したい場合にも使用する。

・**鏡面反射**（図8）
　まわりの風景がどの程度映り込むのかを設定する。鏡や金属などの面を作るときに使用する。

・**透明度**（図9）
　ポリゴンの透明度を設定する。限りなく透明にし，鏡面反射と組み合わせることでガラスなどが作成できる。完全に透明にすると見えなくなる。

・**屈折度**（図10）
　水の上にある風景と水の中のものでは，屈折度が違うために見え方が違う。水やガラスなどの透明なオブジェクトの向こうにあるものを，屈折させて表現するときに使用する。

・テクスチャマッピング（図 11）
　図形や写真，模様等の画像をオブジェクトに貼り付ける手法で，より本物らしいオブジェクトを作成できる。ポリゴンの着色では表現できないような，部分的な着色をしたオブジェクトを作成する際にも使用する。貼り付ける方法として，球状・板状・円柱状などいくつかあり，オブジェクトの形状により選択する。例えば球に世界地図を球状にマッピングすると地球になる。

●図 11　テクスチャマッピング

・バンプマッピング（図 12）
　マッピングの一種で，オブジェクトの表面に凹凸を付けるために使用する。貼り付ける画像はグレースケールイメージで，明度によって凹凸を表現する。例えば，壁をタイル張りにしたいときに，格子状の線を描いたグレースケールイメージを用意し，単純な板状のオブジェクトにバンプマッピングを使用すれば，簡単にタイルの凹凸を制作することができる。

●図 12　バンプマッピング

・プロシージャルテクスチャ（図 13）
　モデリングでは作成しにくい自然のランダムなテクスチャを作成するときに使用する。テクスチャマッピングとは異なり，イメージファイルを必要とせず，演算によってテクスチャをつくり出す。プロシージャルテクスチャを使用すると，海面，砂浜，煙，炎，風になびく旗，岩肌，毛皮，雲などを作成することができる。

●図 13　プロシージャルテクスチャによる作例

演習問題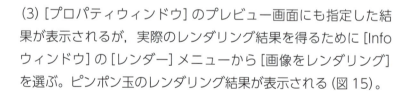

■マテリアルとテクスチャによって変化する質感

　Blender を使用して，球のオブジェクトからテクスチャの変更によってピンポン玉と木のボールを表現してみよう。

（1）[作成] タブより [プリミティブ追加] にある [メッシュ] の中の [UV 球] をクリックし，球のオブジェクトを作成する。ポリゴンの表面を滑らかにするために，[ツール] タブの [編集] にある [シェーディング] を [スムーズ] にする。

●図 14　マテリアル

（2）マテリアルを設定するために [プロパティウィンドウ] からコンテクストボタン [マテリアル] を押す（図 14）。[新規] と書かれたボタンを押し，マテリアルを追加する。[マテリアルタイプ] は [サーフェイス]，[ディフューズ] の [マテリアルのディフューズ色] は白 (R=1.000，G=1.000，B=1.000) を，[強度] は 0.8，シェーダーの種類は [ランバード] を指定する。[スペキュラー] の [強度] を 0.2，[硬さ] を 34 にする。

●図 15　ピンポン玉レンダリング画面

（3）[プロパティウィンドウ] のプレビュー画面にも指定した結果が表示されるが，実際のレンダリング結果を得るために [Info ウィンドウ] の [レンダー] メニューから [画像をレンダリング] を選ぶ。ピンポン玉のレンダリング結果が表示される（図 15）。

●図 16　木目の球

（4）次に [プロパティウィンドウ] のコンテクストボタン [テクスチャ] を押してテクスチャの設定を行う。まず [新規] ボタンを押し，テクスチャを追加する。[タイプ] の中から [木目] を選び，ウィンドウ下部にある [テクスチャ用カラー] を焦げ茶 (R=0.100，G=0.010，B=0.010) に，[マテリアルのディフューズ色] を茶 (R=0.500，G=0.050，B=0.020) に設定し，再度レンダリングをすると木目の球ができる（図 16）。

　他にもマテリアルとテクスチャの設定を変更するとさまざまなものに変化するので，いろいろと試してみよう。

3 レンダリング

　3Dグラフィックスの空間では，設定をしなければ重力や空気，塵など何もない。現実にはこれらの要素がある風景を見ているので，要素のない画像は不自然に見えてしまう。作成した3D画像に現実感を与え自然に見せるには，これらの雰囲気を設定するレンダリングが必要となる。3Dグラフィックスでは自然にある空気中の塵や霧によって遠くの風景が霞む状態を，フォグ❶（図1）やボリュームライト❷などを使用して，私たちが知っている風景として作り出す。

　レンダリングをするための準備として，モデリングしたオブジェクトを配置し，照明を当て，カメラで撮影をするという作業が必要となる。

❶ フォグは霧などを表現し，カメラからの距離によって見える範囲を設定する。

●図1　フォグ

❷ 光の筋は空気中の塵に光が反射することで見えるため，通常のCG空間では発生しない。p.98参照。

▶ 1 カメラシミュレーション

　私たちが記憶している風景は，カメラを通した風景であることも多い。そのためカメラ特有の効果も3Dグラフィックスではシミュレートすることができる。レンズにはフォーカスや焦点距離の設定項目もあり，広角から望遠までさまざまな種類のレンズを設定することができる。その際，センサーサイズまで指定できるので，ビデオカメラからデジタル一眼レフなど，さまざまなカメラをシミュレートすることで，リアルな画像を生み出すとともに，実写との合成にも違和感なく画角を合わせることができる。

(1) カメラ特有の表現

・被写界深度（図2）

　フォーカス（ピント）の合う範囲を被写界深度という。背景をぼかすときに使う。

●図2　被写界深度

・モーションブラー（図3）

　速い動きによるブレの表現を設定することができる。

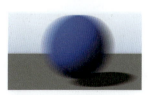

●図3　モーションブラー

・レンズフレア（図4）

　レンズに光が写り込むことでできる反射のことをいう。

●図4　レンズフレア

▶ 2 照明

(1) 光の性質

光の性質には以下のようなものがある。

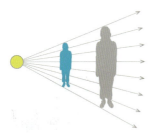

●図5　拡散光と影

・**拡散光**（図5）

通常の照明は拡散光である。光源から発せられた光は電球のまわりに放射状に直線で広がっている。そのために影絵などで見られるように，スクリーンから光源へ手を移動させると手の影はスクリーンに大きく映し出される。

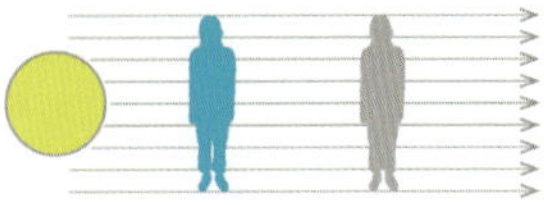

・**平行光**（図6）

平行光とは，光の密度が平行である光のことで，太陽光などが該当する。平行光の光で影絵をすると，オブジェクトとスクリーンの距離がどれだけ離れていても影は同じ大きさになる。

●図6　平行光と影

(2) 照明の種類

3Dグラフィックスでの光源には，環境光とライトがある。現実の世界では太陽や照明機器によって光を得ているが，光が直接当たらないところにも，反射した光が届いている。この光は環境光というもので，方向や場所を特定せず，空間全体を照らす。ライトは現実の照明と同じように，設置場所や光を当てる方向，光の強さや色などの設定をする。種類も実際の照明をシミュレートしている。

●図7　点ライト

●図8　平行ライト

・**点ライト**（図7）

電球のように光源が一点である拡散光。

・**平行ライト**（図8）

太陽光のように平行光の照明。

・**スポットライト**（図9）

設定した範囲だけを照らす拡散光。

・**ボリュームライト**（図10）

照明の当たる場所だけでなく，空間内の埃を照らすライト。

●図9　スポットライト

●図10　ボリュームライト

▶ 3 レンダリングの種類

　私たちが見ている風景は，光源から発した光がさまざまな物体に反射し，眼の中に入ってきた光である（図11）。その光を眼（画面）から光源まで光跡をさかのぼり視界を再現することがレンダリングである。3Dグラフィックスはデータを可視化するために演算し画像を作成する。その演算の方法はいくつかの種類があり，用途に応じて使い分ける。

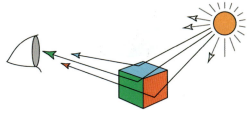

●図11　光源からの反射光が目に届くまで

・フラットシェーディング（図12）

　各ポリゴンの頂点を結ぶ法線の明るさを計算し，そのポリゴンを同じ明るさで表現する。計算量が少ないため高速に演算することができるが，ポリゴンのつなぎ目はなめらかにならない。

●図12　フラットシェーディング

・グローシェーディング（図14）

　ポリゴンのつなぎ目をなくし，なめらかな曲線を表現するためにそれぞれの曲面のディフューズやスペキュラーが必要となり，レンダリングに時間がかかる。グローシェーディングは曲面の演算をせず，ポリゴンの頂点のみの演算を行い，ポリゴン全体をその情報を元にグラデーションによって補完しなめらかな曲面を得ることでレンダリングの処理速度を上げるための演算方法である。

●図13　フラットシェーディングのポリゴン拡大

●図14　グローシェーディング

●図15　グローシェーディングのポリゴン拡大

・フォンシェーディング (図16)

　グローシェーディングでは表現できなかったハイライトを表現するために開発された方式で，ポリゴンの各頂点を結ぶ法線を基に各ピクセルの法線を補完し，その補完された法線からスペキュラー光を計算する。質感による計算を行わないために，屈折などの正確な表現はできないが，質の高い結果を得ることができる。

●図16　フォンシェーディング

●図17　フォンシェーディングのポリゴン拡大

・レイトレーシング (図18)

　レイとは光線のことで，レイトレーシングとは光線追跡法という意味である。視点 (この場合は画面) に届く光線を光源まで逆にたどることによって計算し画面を作り出す。画像の1ピクセルごとに光線の経路を計算するため計算量が多くなるが，実写に近い質感をもった画像を作り出すことができる。

●図18　レイトレーシング

●図19　レイトレーシングのポリゴン拡大

・ラジオシティ (図20)

　照明工学の分野において発達した手法で，光源とオブジェクトの反射光の相互作用を計算し，柔らかでリアルな環境光と影を描画する。レイトレーシングと違って視点による演算は行わず，空間として計算するため，膨大な計算量と時間が必要となるが，現実に近い照明を再現できる。おもに照明や空間設計のシミュレーションで使用される。

●図20　ラジオシティ

演習問題 1

■ 3Dオブジェクトの制作

Blenderを使用して現在操作しているコンピュータ、またはディスプレイをモデリングしてみよう。

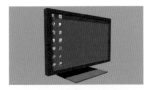
●図22　ディスプレイ制作例

(1) ディスプレイはほぼ直線で構成されているので、立方体の組み合わせで作成できる（図22）。縦横のバランスに注意しながら立方体を作成する。

(2) 二つのオブジェクトを合成して形をつくるブーリアンを利用して、液晶画面のへこみや端子部分などを造形する。

ブーリアン加工は、二つのオブジェクトを重ねて配置し、[プロパティウィンドウ]のコンテクストボタンの[モディファイヤー]を押し、[追加]ボタンから[ブーリアン]を選択する（図23）。

●図23　モディファイアー追加

・ブーリアン演算

ブーリアン演算は二つのオブジェクトを論理演算させるものである（図24）。

●図24　ブーリアン設定

結合（和）
　二つのオブジェクトを一体化する（図25）。
差分（差）
　もう一つのオブジェクトで削り取る（図26）。
交差（積）
　二つの重なっている部分のみを取り出す（図27）。

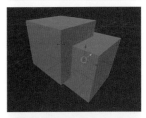
●図25　結合（和）

(3) 完成したらカメラアングルを決め、レンダリングする。

●図26　差分（差）

●図27　交差（積）

演習問題 2

■レンダリングでつくり出すアニメーション

　Blenderを使用してコンピュータによって生成されるアニメーションとして，降り続く雪を作成してみよう（図28）。

　煙や，水の流れ，降る雪などの自然現象の動きを表現することは，ポリゴンだけでは非常に困難である。そのため多くのソフトウェアではパーティクルシステムと呼ばれる，多くのオブジェクトを自動生成し動かす機能がある。パーティクルシステムでは発生率・存在時間・重力・風の影響等の設定を行い，ランダムな自然現象をシミュレーションすることが可能である。

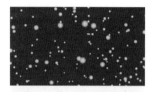

●図28　パーティクルアニメーション

(1) Blenderを起動し，中央の[3Dビューウィンドウ]に作成されている立方体を右クリックで選択し，[プロパティウィンドウ]のコンテキストボタンから[モディファイヤー]を押し，[追加]ボタンから[パーティクルシステム]を選択する（図29）。

●図29　パーティクルシステム

(2) [タイムラインウィンドウ]にある[アニメーション再生]ボタンを押すと，立方体の中からパーティクルが発生し，下にどんどん落ちるアニメーションが再生される。レンダリングするとパーティクルは白く丸い綿のようなものに設定されているのがわかる（図30）。

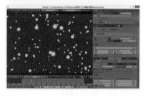

●図30　レンダリング結果

(3) パーティクルは発生率と寿命，重さや重力を設定することでさまざまな効果になる。パーティクルの設定は[プロパティウィンドウ]のコンテキストボタンから[パーティクル]を押す。

　パーティクルを設定して雪を表現してみる。[放射]にある各項目はパーティクルの発生に関する設定で，開始を−100，終了を250，[寿命]を200フレームに設定することで，最初のフレームから雪が降り続ける動きとなる（図31）。

●図31　パーティクル設定

(4) 雪としては少し落ちる速度が速いので，[物理演算]の設定をする。パーティクルの[サイズ]を0.01にし，大きさに変化をつ

けるために [ランダムサイズ] を 0.005 とする。[重さ] は 2.000 にする。雪はまっすぐに落ちていかないので [ブラウン運動] を 0.600 に設定し揺らめきを出す。[空気抵抗] を 0.300，[減失] を 0.100 に設定し，ゆっくりとした動きにする (図 32)。

●図 32　物理演算

(5) 空一面から降ってくるようにするため，パーティクルのエミッタ (発生源) としての立方体を大きく薄くする。コンテクストボタンの [オブジェクト] を選び，[デルタトランスフォーム] にある [スケール差] を x：4.000，y：4.000，z：0.1 に設定する (図 33)。

●図 33　エミッタサイズ変更

(6) パーティクルの設定は以上であるが，レンダリングをしても雪のようには見えない。よってパーティクルのマテリアルを修正する。コンテクストボタンから [マテリアル] を押し，マテリアルタイプを [ハロー] に設定する。[サイズ] を 0.100，[硬さ] を 20 に設定する (図 34)。

(7) コンテクストボタンから [レンダー] を押し，レンダリングの設定を行う。出力の項目にある保存場所を指定し，保存するフォーマットは [H264] を選ぶ。
[レンダー] メニューより [アニメーションレンダリング] を実行する。レンダリングが終了後，[レンダー] メニューより [レンダリングしたアニメーションを再生] を実行し，再生チェックする。

●図 34　パーティクルのマテリアル変更

パーティクルとマテリアルのパラメータの設定によっては煙や炎，水の流れなども表現できる (図 35，図 36)。

●図 35　パーティクルで作成した煙

●図 36　パーティクルで作成した水

4 サウンド

1 音の正体

　音の正体は空気の振動である。声は声帯の振動が空気を振動させる。その空気の振動が鼓膜を振動させ，音として聞こえるのである。音を伝達する装置である糸電話は，紙コップの底を声で振動させ，その振動を糸で伝えている。受け手の紙コップでは伝えられた糸の振動が紙コップの底に伝わり，空気を振動させ，再び音に変換している。糸電話には音声伝達のすべての要素がそろっていて，紙コップはマイクであり，スピーカーである。糸は信号伝達のための装置として機能しており，これを電気に置き換えると電話など通信機器の原理そのものになる。

　音の大きさは振動の幅である振幅で，音の高さは振動の回数である周波によって変化する。低い音は周波数が低く，高い音は周波数が高い。

▶ 1 音を見る

　音の振動を可視化する実験を行う。ラジオやオーディオなどのスピーカーを上向きにセットし，その上に紙など振動しやすいものを載せる。紙の上にはおが屑やクッションに使用する発泡ビーズのような軽くて細かいものを薄く平らに撒いてから，大きめの音量で音を鳴らしてみると，音に合わせて紙の上に撒いたものが動く。これが音の振動である。楽器の音など持続音を鳴らし続けると，音の波紋が現れる（図1）。

●図1　音の振動の実験

▶ 2 音の記録

　音の正体は振動であるが，この振動を記録することが録音である。録音にはいろいろな方法がある。

・音を録るマイク

　マイクは空気振動を電気振動に変換する装置である。マイクの種類は大きく分けてダイナミックマイクとコンデンサーマイクの2種類がある。ダイナミックマイクは空気振動で直接マイクの磁石のついた振動板を動かし，コイルに電気信号を発生させる（図2）。コンデンサーマイクは空気振動を直接電気信号に変換するのではなく，振動によって起こる電位差を利用して電気信号に変換するので，ダイナミックマイクより小さな振動を拾うことがで

きる(図3)。そのほかにもマイクにはさまざまなものがある。

●図2 ダイナミックマイク

●図3 コンデンサーマイク

・**音を鳴らすスピーカー**
　スピーカーは電気信号を空気振動に変換する装置である。電気信号の強弱で電磁石が動き，磁石と一体になっているコーン紙と呼ばれる紙が振動し，コーン紙が空気を震わせて音に変換する(図4)。振動板や振動を増幅するスピーカーボックスの形状などでさまざまな種類のスピーカーがあるが，使用目的や再生できる音声周波数帯域によって使い分ける。

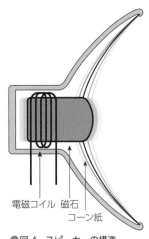
●図4 スピーカーの構造

・**レコード**(図5)
　レコードは振動に合わせて溝を削り物理的に記録している。レコードの祖先である蓄音機では針に振動板を付け，メガホンで音を増幅して再生した。録音の際にはメガホンに向かって声など音を出すと振動が針に伝わり，針が直接レコード盤を削ることで記録する。現在のレコードプレーヤーは，針の振動を電気信号に変換している。

●図5 レコード

・**テープレコーダー**(図6)
　テープレコーダは電気信号を磁力の強弱振動に変換することで記録する。テープには磁性体という磁力の影響を受けやすい物質が塗られている。テープと録音ヘッドといわれる電磁石が接触しており，録音ヘッドがテープに磁力の振動を記録するのである。再生時にはテープの振動情報を再生ヘッドが読み取り，電気信号へと変換する。

●図6 テープレコーダー

・ディジタル録音

　音をディジタル録音するためには，空気振動をディジタルデータに変換する**サンプリング**（標本化）を行う。サンプリングでは音の解像度を上げると元のアナログ音声の波形に近くなり（図7），より正確な音が記録されるが，データサイズは大きくなる。

　サンプリングする精度と，1秒間にサンプリングを行う回数によって音質が変化する。おもな方式に **PCM**（Pulse-Code-Modulation）方式があり，データを圧縮せずに記録する。PCM方式はCDなどで使用されている。

　サンプリングする精度はビット（bit）といわれる単位で表し，1ビットであれば2段階，2ビットは4段階，3ビットは8段階，4ビットは16段階，8ビットは256段階，12ビットは4096段階，16ビットは65536段階，24ビットは16777216段階となる。

　1秒間にサンプリングする回数を表すのが，サンプリング周波数である。CDの記録は，1秒間に44100回（44.1KHz），16ビットの精度である[1]（図8）。

[1] 24ビット96kHzなどのハイレゾオーディオ（High Resolution Audio）などもある。

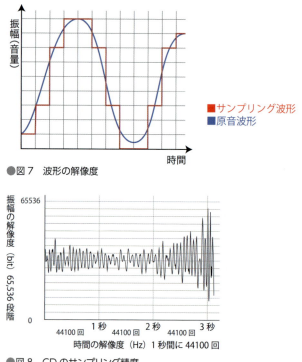

●図7　波形の解像度

●図8　CDのサンプリング精度

2　サウンドハンティング

　音には聴いている音と聞こえている音がある。教室やお店の中で誰かと会話をすると，その人の声はよく聴こえてくる。しかし，その会話を単純に録音して，それを聴いてみると，途端に会話の人の声が聴こえなくなってしまい，まわりの音が気になりだす。よく聴くと私たちのまわりはさまざまな音にあふれている。空調設備の音，車が走る音，子どもの声，風の音，鳥のさえずり，川の音。これらは聞こえていないわけではない。聴いていないだけなのである。人はすべてのものが平等に聞こえているのではなく，聴くものを選んで聴いているのである。そのため録音された音は，どれを聴けばよいかわからずすべての音が平板になってしまうために，会話を聞き取れなくなってしまうのである。

▶ 1　録音の方法

　録音は聴きたい音を録音するようにしなければならない。マイクには指向性（図1）と無指向性（図2）のものがある。指向性マイクは集音する範囲が狭いので，狙った音のみを録音することができる。無指向性のものは広い範囲で集音するので，状況音を録音するのに向いている。

　録音するための機械はメモリカードを使用したディジタル録音機が主流で，ボイスレコーダーのように人の声の録音に特化しており，人の声の周波数である100Hz～1000Hzを目立たせる加工をしているものもある。またボイスレコーダーは音声データの非可逆圧縮[❶]も行っているため，音質が大きく変化している。これはレコーダーの目的が正確な音を記録するためでなく，会話の内容を記録するための機械であるからで，録音機はサウンド用のものが望ましい（図3）。それに合わせてマイクも指向性があり，小さな音も集音できるコンデンサーマイクは狙った音を録りやすい。

●図1　指向性の強いガンマイク

●図2　無指向性の会議用マイク

❶
画像の非可逆圧縮と同じように，音声データを圧縮している。おもにMP3形式で記録される。p.109参照。

●図3　ディジタル録音機

演習問題

■音のコラージュ

ショッピングモールや街中，電車内や高原の朝など場所や状況を設定して，音で情景を再現してみよう。

(1) どんな音があるかをリストアップし，音を用意する。

海であれば，波の音，人の声，風の音，迷子の呼び出し案内などが必要である。それらの音を実際にサウンドハンティングしてもよいし，効果音を代用品で作成するのもよい。波の音などは小豆や米で作り出せる。

●図4　アフレコ風景

❶
Audacity
http://audacity.
sourceforge.net

❷
警告画面が出るが，[編集の前に非圧縮のオーディオファイルをコピーする。]にチェックを入れる。

(2) サウンド編集ソフトウェアのAudacity❶に録音した音を取り込む。音のファイルをレコーダーからコンピュータの任意のフォルダにコピーする。Audacity起動後，[取り込み]から[オーディオの取り込み]を選択し，ファイルを指定する❷。読み込んだファイルの数だけトラックが作成され，すべて同時に音が再生される。このように複数の音声トラックで録音することをマルチトラックといい，各トラックにはミュート(そのトラックの音を出さなくする)，ソロ(そのトラックのみを再生する)，ゲイン(そのトラックの基礎音量)，パンスライダー(そのトラックの左右の定位)を調整する(図6)。細かな音量設定はツールボックス内のエンベロープツールを使用すると，時間によって音量を変化させることもできる。

●図5　オーディオの取り込み

●図6　マルチトラック

(3) 全体的に使用する環境音であればそのままでもよいが，タイミングを合わせたい音などは[トラック]メニューの[新しく追加]にある[オーディオトラック]を選び，新規オーディオトラックを作成する。使いたい音の波形の範囲を指定しコピーする。新しいオーディオトラックの再生ポイントへペーストする。微調整はツールボックス内のタイムシフトツールを使用すると直接ドラッグして移動することができる(図7)。

●図7　タイムシフトツール

3 ディジタルサウンド

現在のメディアは，ほとんどがディジタルメディアになっている。また音楽や音響の制作もディジタル環境によって制作されている。音をディジタル処理する利点は，加工が容易なことと，加工時に音質の劣化が少ないことなどがある。

▶ 1 ディジタルサウンドフォーマット

コンピュータで音声のディジタルデータを扱うようになり，データはファイルとして管理している。以下に代表的なディジタルデータのコンテナフォーマットを紹介する。

- **WAV** (Waveform Audio Format)

  Windows 標準のオーディオファイル形式で，マイクロソフト社と IBM 社が '91 年に策定したマルチメディアデータ用のコンテナフォーマットである。多くのソフトウェアで使用することができる。

- **AIFF** (Audio Interchange File Format)

  Mac OS での標準オーディオファイル形式としてアップル社が開発したもので，多くのソフトウェアで扱うことができるコンテナフォーマットである。

- **MP3** (MPEG 1 Audio Layer 3) ❶

  データを圧縮することで非常にデータをコンパクトにすることができ，非圧縮ファイルの 10 分の 1 程度のサイズにすることが可能である。MP3 は音楽プレーヤーやコンピュータでの音楽保存形式として広く使用されているが，人の可聴範囲以外の音を記録しないために音質面で AIFF や WAV に劣る。

- **AAC** (Advanced Audio Coding) ❷

  おもに MPEG-2，MPEG-4 などで使用されているオーディオコーデックである。AAC は MP3 よりも 1.4 倍ほど圧縮効率が高く，音質はほぼ同じとなる。

❶
1992 年 に Moving Picture Experts Group によって標準化された，MPEG1 に規定されているオーディオコーデックの一つである。

❷
Moving Picture Experts Group によって標準化された。MP3 より圧縮効率が高いため，より高いビットレートを使用し高音質なデータを作成できる。DVD や Blu-ray Disc，BS や地上波ディジタル放送，携帯ゲーム機なども採用している。

▶ 2　コンピュータによる音の加工と効果

　音の加工には，エフェクターという機器によって電気的に音の効果を与えてきた。近年はコンピュータでも効果を与えることができるようになり，手軽に広く使われている。

・空間系

　空間をシミュレートするものである。音の残響は空間の大きさと材質で異なる。これは発せられた音が壁に跳ね返ることで残響が生まれるためで，部屋の大きさによって最初の跳ね返りの時間は変化し，壁の硬さによって跳ね返る回数が変化をする❶。音の反射を扱う空間系エフェクトの種類としては，リバーブ（残響），ディレイ（遅れ）などがある。

・歪み系

　音の入力を大きくしすぎると音が歪んでしまうことを利用したエフェクターで，ギターなどの派手な音に使用されることが多い。エフェクトの種類としてオーバードライブや，より歪ませるディストーションなどがある。

・ダイナミクス系

　歪ませずに音を大きくする，圧縮するなどで，音の強弱を強調するエフェクターである。エフェクトの種類としてコンプレッサー（音量を圧縮する）やリミッター（レベルを超えないようにする），エキサイター（変化を強調する）などがある。

・モジュレーション系

　音に揺らぎの効果を与える。音の波形や発音のタイミングを少しずらすことで音に厚みを加えるものや，うねりを作り出すなどの効果のものがある。エフェクトの種類としてコーラス（波形ずらし），フランジャー（タイミングずらし），ビブラート（うねり）などがある。

---

❶ 石壁で広い教会などは長く，木材の壁にクロスが貼られた自宅では短くなる。室内だけでなく山びこなども音の反射が原因である。

4　コンピュータミュージック

　音楽の自動演奏の歴史は古く，中世にまでさかのぼる。最初の自動演奏装置はオルゴールで，その後，Music Box 等に変化し，ピアノやパイプオルガン，バンジョーやバイオリン，打楽器などさまざまな楽器の自動演奏が行えるようになり，それらの自動演奏装置を合わせ，1900 年頃よりオーケストリオンという楽曲の自動演奏装置も開発された。1970 年代よりコンピュータを用いた自動演奏が行われるようになった。

▶ 1　MIDI 楽器と内部音源

　自動演奏をするためのソフトウェアのことをシーケンサーという。もともと電子楽器は電圧で発音していたので，その電圧をコンピュータによって制御することで自動演奏が可能となったが，電圧制御である CV（音程）と GATE（音の長さ）による電子楽器のコントロール信号は，各楽器メーカー間で互換性がなかった。そのために機器がつなげなかったり，変換器が必要になるなど，非常に複雑なシステムとなった。そこで考案されたのが電子音楽機器のコントロールを標準化する MIDI 規格（Musical Instrument Digital Interface）である。規格に対応した機器であれば，すべての機材に互換性があり，好きなメーカーの機器を組み合わせてシステムを組むことが可能になり普及した（図 1）。

　MIDI 機器は MIDI 端子によって接続される。MIDI 端子には「OUT」「IN」「THRU」の 3 種類があり，「OUT」から出力された信号は「IN」に入力され，「THRU」から出力される。現在では USB 端子が MIDI の代わりに使われることが多い（図 2）。

　MIDI で扱われるデータは音楽演奏で使用される情報のほとんどをデータにすることができる。その他にも機器の情報や音色の切り替えなど演奏以外の情報も MIDI データとしてやり取りすることができる。

　入力機器である MIDI コントローラーには，鍵盤型やギター型，サックス型，バイオリン型，声によるものなど多様な機器がある。これらは楽器特有の演奏方法によってデータ入力するためで，演奏データは音色や音階だけではなく，発音するタイミングや音階の組み合わせで楽器の特徴を生み出すからである（図 3）。

　現在は外部 MIDI 機器のみでなく，電子楽器をソフトウェアで

● 図 1　MIDI システム

● 図 2　MIDI 端子

● 図 3　MIDI コントローラー

シミュレーションし，機器を接続せずにコンピュータ本体のみで音を出すことができるソフトウェア音源や，音響効果を与えるソフトウェアエフェクターなども登場した。スタインバーグ社が提唱した VST や，アップル社が OS の基幹部分として使用する Audio Unit などの規格があり，対応するシーケンサーから利用することができる。それらを組み合わせて，コンピュータ 1 台で音楽制作が行えるようになった (図 4)。

●図 4 コンピュータミュージックシステム

▶ 2 シーケンスソフトウェア

現在はコンピュータを使ったシーケンスソフトウェアによる音楽制作が主流であり，多くのソフトウェアが基本的には同じようなインタフェースを採用している。

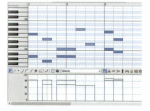

●図 5 ピアノロール

・ピアノロール (図 5)

シーケンサーのデータ入力には，楽器型の MIDI コントローラーを使い演奏して入力できるが，ピアノロールというグラフィカルなエディターでマウス入力することもできる。ピアノロールは元々 19 世紀末に使用されていたオルガン式オルゴールや自動ピアノで使用していた音符の部分に穴の空いた紙製のロールで，穴に圧縮空気を通し鍵盤を演奏した。これをメタファーとしてコンピュータで再現している。縦軸を音程，横軸を時間に見立てることで，グラフのように音楽を視覚化し直感的に楽譜を見ることができる。

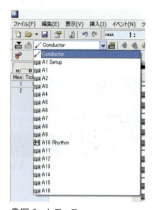

●図 6 トラック

・トラック (図 6)

多くのシーケンサーにはトラックが存在する。基本的に 1 トラックには一つの音色を割り当てて制作をするので，各楽器別にトラックが作られることになる。ドラムトラックだけは特殊で，ドラムの各楽器が音階に割り当てられている。

演習問題 1

■ミニマルミュージックの制作

　MIDI シーケンサーの Domino❶を使用してミニマル（最小限の）ミュージックを作成してみよう。ミニマルミュージックは 1960 年代にアメリカで生まれた音楽のジャンルで，単純なループを重ねて作曲する手法である。

(1) Domino を起動し，［ファイル］メニューから［環境設定］を選ぶ（図7）。左の設定項目より［MIDI-OUT］を選び，「ポートA」の「MIDI OUT デバイス」を「Microsoft GS Wavetable Synth」，「音源（音源定義ファイル）」を「GSm（Microsoft GS Wavetable SW Synth）」に指定する。これにより Domino でソフトウェア音源を使用できるようになる。

(2) 音はピアノロールにて入力する。一小節は初期状態では 16 分割されており，一マスが 16 分音符となる。よって 4 分音符は四マス分，8 分音符は二マス分の長さで表現する。

(3) ループさせたい範囲をピアノロールペインより選択し（図8），［ループボタン］（図9）を押し再生する。必要に応じて音符を修正する。

(4) イベントリストにある「Program Change」もしくは「PC：（楽器名）」と書かれた部分をダブルクリックし，音色の変更を行う（図10）。

(5) ［トラックモニターバー］より［A10 Rythm］を選択し，リズムトラックを作成する。ピアノロールの鍵盤の代わりに打楽器名が書かれているので，音色を選び入力する（図11）。

❶
Domino
http://takabosoft.com/domino

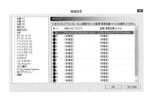

●図7　環境設定

●図8　範囲の選択

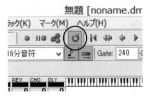

●図9　ループボタン

●図10　イベントリスト

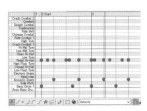

●図11　リズムエディット

演習問題 2

■ラジオドラマの制作

ここでは，Audacity のマルチトラック録音を使った短いラジオドラマを制作してみよう。

(1) 作成

ラジオドラマの制作は映像とは違い，SF ドラマや時代劇，海外が舞台であっても自由にイメージを創り出すことができ，より自由な脚本が書ける。制限はないといってもよい。ナレーションを効果的に使うと状況説明や場所の設定，時間の経過も一言で伝えることができる。ただし声しか使えないので，登場人物が多くなると声だけで聞き分けることが難しい。声色や話し方に特徴をもたせることも重要である。朗読とは少し違う演出に挑戦してみよう。

(2) セリフの録音

録音は静かな場所で行う。防音室や放送室がない場合は，毛布などをかぶって録音してもよい。毛布や布団などは吸音効果が高い。次にセリフの意味や演技を決め，脚本を元に録音する。セリフはシーンごとに一度に全員で録ることも可能だが，その場合，ミキサーで音量調整を最適に行わないと声のレベルがバラバラになってしまう。声の出し方も均一になるよう気をつける。マイクや録音の機材が少ないなど，音のバランス調整が難しい場合は一人ずつ個別に録音してもよい。個別録音する場合はトラックを分けて録音すると後の加工がしやすい。入力レベルは音が歪まないよう，最大で -12 (db) を超えないようにする (図 12)。

セリフを録音したらオーディオトラックの波形範囲を選択した後，[エフェクト] メニューより [ノイズ除去] を指定してバックグラウンドノイズを取ると聞き取りやすくなる。またサ行のブレスノイズ❶を低減するためのディエッサー❷も使うとさらに聞き取りやすく自然な音になる (図 13)。

❶ ブレスノイズとは，サ行の発音の際，口からもれる息がマイクにかかって生じるノイズ。

❷ ディエッサーは VST プラグイン SPITFISH がダウンロードできる。

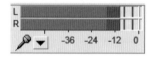

●図 12 入力レベル

●図 13 オーディオ編集

(3) 効果音の制作

　セリフの録音が終わったら効果音を録音する。効果音はそのままの音を録音するだけではなく，似ている音，よりイメージによって誇張された音，まったく違う音などを探してみるとよい。本物よりも本物らしい音が録音できることもある。ソフトウェア音源を使い音色を作成するのも面白い音になる❶。トラックに録音された音は加工や編集を行い，音をさらに作り込む。

(4) BGMの選曲と効果

　音楽は自分で作ったものが好ましいが，教室内での発表であればCDなどから曲を取り込んでもよい❷。CDのデータをWindows Media PlayerにてWAVファイルとしてコンピュータに取り込み（図15），Audacityの［ファイル］メニューの［取り込み］から［オーディオの取り込み］を選択し，Audacityのトラックとして取り込む。

　音楽は全編に入れるのではなく効果的に最小限使用すること。

(5) バウンス（図16）

　すべての制作が終了したら，最終調整をする。最終調整は必ずスピーカーから，ある程度の大きな音を出して確認する。ヘッドホンで聴く音とスピーカーで聴く音はまったく音のバランスが異なる。ヘッドホンでは聴こえていた音が，スピーカーからは聴こえないこともある。［表示］メニューから［ミキサーボード］を表示して何度も聴いてバランスを調整し，制作と改善を繰り返すこと。最後に［ファイル］メニューより［書き出し］を選んですべてのトラックをステレオのオーディオファイルとして出力する。ファイルの種類はWAVを選ぶ❸。

---

❶
音色を自由に作成できるソフトウェア音源として Synth1 がダウンロードできる。
http://www.geocities.jp/daichi1969/softsynth/
Domino で Synth1 を起動し音のファイルを作成，Audacity に読み込む。

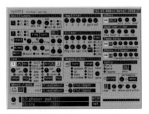

●図14　Synth1

❷
外部で発表する場合は著作権に注意する。楽曲使用の場合には，日本著作権協会に問い合わせる。

●図15　Media Player

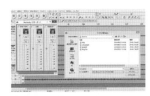

●図16　バウンス

❸
MP3 や WMA などで出力する場合は Audacity のサイトより FFmpeg import/export ライブラリをダウンロードし，インストールする必要がある。

5 映像コンテンツの制作

1 映像の種類

　映像にはさまざまな表現方法があり，さまざまな用途のコンテンツが制作されている。それぞれのジャンルによって考え方や作り方は異なる。

・**CM** (Commercial Message)
　多くの CM は商品を購入してもらうことを目的としている。そのためその商品のよさを伝え，買いたくなるように視聴者に訴えなければならない。まずは「何」を「誰」に「どんなこと」を伝えるのかを考えてみよう。

・**ドラマ**
　物語は長編となりやすいので，物語の骨格がしっかりと伝わるように注意することが重要だ。そのため複雑な物語でなく，登場人物も絞り込み，シンプルに一言で伝えられる内容が，演出や構成を考える上で制作しやすい。

・**ドキュメンタリー**
　大きなテーマでなくても身近にある素材で制作することができる。例えば地元の観光スポットならば歴史的な背景や建物の特徴，名産品の成り立ち，人物など取材対象は多い。じっくりと取材を行い，何が魅力か，どう伝えるとよいのかなど，見せ方を工夫することが大事である。

・**ミュージッククリップ**
　音楽によってすでにイメージが出来上がっているので，映像にもイメージをもたせ，音と映像を組み合わせたときにそれぞれが広がるよう作り上げるとよい。音と映像が全然合わないと思っているものも，組み合わせによっては意外と面白い効果を生むことがある。音楽に同期させて合わせるだけでなく，映像としての構成やタイミングをよく考えることが大事だ。音楽と映像は似ているが，まったく違うリズムをもっている。音を消して映像だけ見ても面白いものであるかを確認するとよい。

2 映像の表現

　映像表現はすべてを映像で説明し，語る必要はない。誰もがもつ共通の経験や認識があるので，観客のそれぞれがもつ記憶がイメージを補完してくれると考えるほうがよい。反対に身内の見方と他人の見方があることにも注意を払う必要がある。なぜならはじめて作品を鑑賞する人はその作品の内容を知らず，登場人物のことも知らない。はじめての人にも十分に物語や内容が伝わることを意識しなければならない。

　またセリフやテロップは必要なものを吟味する。言葉や文字で内容を説明するのではなく，映像のもつ意味，イメージを最大限に活用し，映像で語り，表現することに意識をする。

▶ 1　映像の文法

　映像編集は時間の編集でもある。つまり映像に記録されたさまざまな時間を，一つの時間軸上に並べていく作業となる。さらにビデオカメラは映像だけでなく音声も同時に記録するので映像表現には音も重要な素材となる。ナレーションや音楽などその場にない音を入れることでさらに多くの情報を盛り込むことも可能である。

　映像を学ぶのに有効なことは，映画やテレビなど多くの作品を観ることである。画面の構図やカットの意味，シーンのつながりに注意することで，作者が何を意図し，表現しているのか，どのように読み解くことができるのかなど，意識しながら観てほしい。一度だけではすべてを理解することはできないので，何度も観るよう心がけてみよう。観るたびに新たな発見があるはずである。

　また文章に文法があるように映像にも文法があり，音楽にリズムがあるように映像にもリズムがある。同じ映像を見せるにも前後にどのような映像を組み合わせるか，どれだけの時間見せるかによって意味合いは変化する。

　例えば"青空"の映像の前に何の映像があるかで印象が変わってしまう。"月夜"の映像の次ならば「夜が明けた」という意味をもつ（図1）。"トンネル"の映像の次なら「外に出た」との意味になるし（図2），雨の映像の次なら「雨が上がって晴れた」という意味をもつ（図3）。このように画の組み合わせによって"青空"の映像の意味は変化する。

●図1　月夜と青空

●図2　トンネルと青空

●図3　雨と青空

▶ 2 編集を意識したカットの撮影，画のつながりを考える

・撮影

　撮影時から編集を意識するべきである。必要な時間より前後とも数秒間長く撮影することで，編集する際にカットのタイミングを細かく調整でき，設定がしやすくなる。あとで映像を長くすることはできない。また撮影時の手ブレにも注意したい。ビデオカメラは小型化が進んだため手ブレがおきやすい。手ブレを抑えるにはできるだけ三脚を使用する。三脚がない場合には，脇を締め，両手でカメラを支え，液晶画面で画を確認するのではなく，ビューファインダーを使用し，頬でカメラを固定することで安定した映像を得ることができる。

　素材の撮影時には5Wに気をつけながら撮影をする。5WとはWho（誰が）What（何を）When（いつ）Where（どこで）Why（なぜ）したのかを表し，場合によってはHow（どのように）を加えることもある。これらの要素を映像に入れることで内容が明確に伝わるようになるので，撮影時に意識するとよい。

・編集

　編集時のカットのつながりで重要なのは，画の変化によってもたらされるリズムである。同じような画角が続くとカットが変わっても画の変化に乏しく，編集に違和感を感じてしまう。そのため近景（図4），中景（図5），遠景（図6）とさまざまな画角をバランスよく混ぜて編集すると，画に変化が生まれ映像のテンポがよくなる。撮影地の風景，机上の小物，足下など何気ないものも多く撮影しておくとよい。編集時のアクセントとなる。またパンニングやティルティングも両方の動きを撮影しておき，編集時に同じ方向ばかりの移動にならないように注意する。

　人の対話を撮影する場合，対話者同士を結んだ線をカメラは越えてはならないというイマジナリーライン（図7）に注意しながら撮影することが必要である。映像はカットでイメージをつなぐため，画で意味や位置関係を伝えなければならない。そのために視聴者が理解しやすく，惑わないようにするために守るべきルールなのである。

● 図4　近景

● 図5　中景

● 図6　遠景

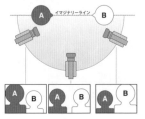
● 図7　イマジナリーライン

3 映像の編集

▶ 1 ノンリニア編集

　コンピュータが高性能になり，映像をコンピュータで扱うことが容易になった。それまで映像編集の主流であったフィルム編集やビデオテープ編集の利点を取り入れ，さらにコンピュータならではの編集が行えるようになった。素材管理の簡便さや，何回もの編集のやり直し，複雑な編集と合成，ソフトウェアの追加によるシステム拡張などの利点があり，現在の映像編集の主流となっている❶。

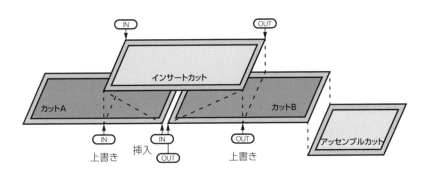

●図1　インサート（上書きまたは挿入）とアッセンブル（つなぎ）編集

❶
編集方法
基本的なビデオ編集の方法は，使用する映像の最初の場所（イン点）と，最後の場所（アウト点）をそれぞれ指定しつなぐ。これをアッセンブル編集と呼ぶ。もう一方はインサート編集と呼ばれる，編集された映像の間に別の映像を挿入する編集方法がある。インサート編集では映像を後にずらして挿入する方法と，映像を上書きして全体の長さを変えない二つの方法がある（図1）。

▶ 2 映像編集の手順

　映像編集は撮影素材の取り込み，編集，出力の3段階の工程で行う。それぞれの工程を解説する。

(1) 撮影素材の取り込み（キャプチャ）

　ビデオカメラのデータをUSBケーブルで接続するか，メモリカード経由で"/private/AVCHD/BDMV/STREAM"フォルダにある0000.MTS（図2）などの動画ファイルをコンピュータの任意のフォルダにコピーする。映像編集ソフトウェアを使って，フォルダにコピーされた映像から必要なカットを選んで取り込む。

●図2　STREAMフォルダ

(2) 編集点の指定

　通常，映像編集ソフトウェアにはタイムラインと呼ばれる編集ウィンドウがあり，ここに映像素材を並べることで編集を行う。素材には余分な部分もあり，また前後の映像のつながりによって映像の長さを調節する。そうしてできたカットの始めの場所をIN点と呼び，最後の場所をOUT点と呼ぶ（図3）❷。

❷
ムービーメーカーでは[編集]メニューの[トリムツール]で指定する。

●図3　ムービーメーカーのトリムツール

5節　映像コンテンツの制作

(3) 編集のタイミング

映像の編集にはタイミングがあるので，画のつながりは1フレーム単位で調整する。タイミングは動きであったり，間であったりさまざまな要因で決定されるが，決定するためには何度も見直すことが必要である。その際，編集しているカットだけを見るのではなく，前後の数カットをまとめて見ないとタイミングはわからない。ある程度完成したら小さなコンピュータの画面ではなく大きなテレビに映して確認しよう。完成したと思っていても修正しなければいけないところはたくさんあるはずで，何度も見直すことが大事である。

(4) 映像効果

基本は映像に何も加工はせず，編集もカットでつなげるが，意図や表現によって映像を加工すると，より効果的な映像表現になる。これらは意味や演出によって使い分ける。

・ビデオトランジション

映像と映像のつなぎ目の効果のことを**トランジション**という。映像を単純につなぐことをカットという。カットは前のシーンを断ち切る印象を与えてしまうが，前のシーンの余韻を残しておきたい場合，映像が徐々に消えながら次の画像が現れるクロスディゾルブ（図4）という手法を使う。また前画面から次の映像がかぶさるようにでてくるトランジションのことをワイプ（図5）といい，カットよりも強調した場面転換を演出することができる。

●図4 クロスディゾルブ

●図5 ワイプ

●図6 ルミナンスキー合成

●図7 マスク合成

・画面合成

画面を合成する方法は単純に映像を重ねるものから，ある部分だけを重ねることもある。部分的な合成には，指定した明るさで合成するルミナンスキー（図6）や，指定した色の部分を合成するクロマキー❶がある。またマスクといわれる指定した白黒の画像を元に，白と黒それぞれの部分に別の画面を合成するマスク合成もある（図7）。

❶
クロマキー合成
画面の特定の色の部分を切り抜いて，別の画面と合成する手法をクロマキー合成という。現在のSF映画の多くは背景をCGで作成するため，人物を撮影するときに緑や青の背景の前で撮影するが，一般にクロマキーの背景に青色や緑色が使われるのは，人の肌の色である赤系に対して色相が逆である青色や緑色を使うことできれいに合成するためである。合成するものと背景は，色相が離れているほどきれいに合成できる。

・ビデオエフェクト

　ビデオにおけるエフェクト（効果）には，画面の色を変えるカラーコレクションや，画面を変形させるものがあり，編集時にディジタル加工として行うこともできる（図8）。また撮影時に特殊レンズ等で光学的に効果を作ることもできる（図9）。これらは映像表現として多用されている。

● 図8　ビデオエフェクト例

● 図9　特殊レンズによる効果

(5) 文字入れ

　文字を映像作品の中に入れることで作品の完成度は増す。まず必要なのはタイトルで，文字だけでなくデザインされたグラフィックを入れてもよい（図10，図11）。映像の中に補足説明などを入れることはテロップ（キャプション）という。作品の前後には作者名や協力者などを入れる。この文字をクレジットという。

● 図10　通常のタイトル

● 図11　デザインされたタイトル

(6) 試写

　編集が完了したら必ず試写を行う。編集のミスや，IN点・OUT点のタイミングを修正する場所を見つけることに注意する。また全体的な流れに矛盾がないか，足りないカットはないかなどを繰り返し確認する。

(7) 書き出し（ムービーの保存）

　映像編集が終わると用途に合わせてコンテナフォーマットとコーデックを選び，映像ファイルを出力する。映像編集ソフトウェアの出力オプションで用途を選ぶと自動的に出力設定を行えるようになっている（図12）。

● 図12　ムービーメーカのムービーの保存

演習問題

学校や地域の紹介などの映像作品を企画し，制作してみよう。

(1) まずは企画を考える。アイデアは意外な組み合わせほど面白い。地域の紹介などは，ドキュメンタリーやドラマ仕立てなども考えられる。自由にジャンルを組み合わせて検討する。

企画が決まればシノプシス（あらすじ）を考える。どういう流れの内容か，何が必要かを考える手がかりとなる。次に撮影地を探すロケーションハンティング（ロケハン）を行う。撮影場所，撮影アングル，現場にあるものなど作品のイメージを具体的に膨らませることが重要である。

(2) 材料が揃ったら脚本を書く。脚本は情景やセリフ，役者の動きなどが記されているもので，ドラマや映画制作の設計図である。脚本には時や場所を指定する「柱」，登場人物の動きを記す「ト書き」，話す言葉が書かれた「セリフ」の三つの項目を使って表現する。全体の構成は三幕構成❶で考えるとよい。

場合によっては絵コンテ❷で各カットやシーンのつながりを考える。絵コンテにはシーンやカットの番号，役者の動きやカメラワーク，効果音やナレーションなどのタイミングを記入する（図13）。

(3) 撮影前には必要に応じて小道具や衣装を準備する。チェックシートを用意して準備もれがないようにする。また撮影時のスタッフや出演者のスケジュールも調整し，撮影のスケジュールを記す香盤表を作成する。香盤表は，脚本を表にすることでその日の撮影やスタッフの行動をわかりやすくしたもので，シーン番号，ロケ場所，登場人物，小道具などを記入する（図14）。

(4) 撮影する際にはそれぞれの役割を決めておく。撮影時のスタッフは，監督，カメラマン，音声（マイクと録音），照明（レフ板），助手など。内容によっては追加の人手が必要になるが，なるべく兼任してスタッフの数を減らすよう心がける。

---

❶ 三幕構成とは，設定（発端），対立（中盤），解決（結末）の3つのパートから物語が成り立つことを表す。それぞれの物語に対する時間配分の比率は1：2：1であるといわれる。

❷ 絵コンテとはカット割りや演出，カメラアングル，撮影場所，作品の時間を考えるためのプロトタイプである。絵コンテを作成することで，撮影時の作業に無駄がなくなり，準備物や各スタッフの役割や完成イメージが共有でき明確になるなど非常に重要なものである。絵は完璧に描く必要はなく，撮影のイメージがしやすいように描けばよい。

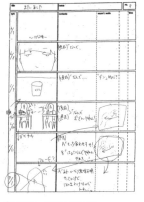

●図13　絵コンテ用紙

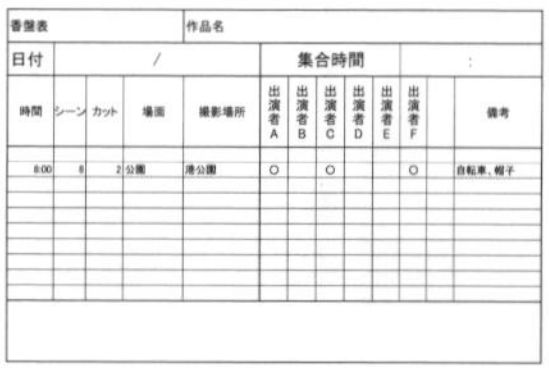

●図14　香盤表

4　映像の公開

　出来上がった作品は関係者で試写をする。また，関係者以外の多くの人に見せ，意見をもらうことが大事である。自分たちが思っていることは伝わっているのか，反応はどうか，客観的に自作品を観てどのように感じるのかを確認する必要がある。そのために上映会を企画してみよう。

▶ 1　会場選びと設営

　会場で観てもらうことの利点は「観る経験を共有できる」「理想的な環境で観ることに集中できる」ことである。複数の人と一緒に観ることは，一緒に笑ったり泣いたりと，観客全員で作品を共有することが可能となる。また作者が納得できる理想的な上映環境を作り，集中して作品鑑賞をしてもらうことで，より作品を楽しんでもらえることになる。映像上映の理想の会場は映画館である。会場作りは映画館にいかに近づけるかが参考になるだろう（図1，図2）。

●図1　映画館

　学内で発表するのであれば，教室から体育館まで会場候補は身近にいくつか考えられる。また一般の人にも広く観てもらいたい場合は公民館やギャラリーなどいくつかの場所を考えることができる。これらの場所では，暗く静かな部屋にすることができ，大きな音を出せるかを確認する。音の問題は会場の立地や構造に大きくかかわるので難しいが，暗い部屋は窓を遮光することで対処できる。カーテンだけでは暗くならないので，窓ガラス自体を段ボールなど遮光性の高いものでふさぎ，その上からカーテンで覆うとかなり暗い部屋となる。部屋を暗くすることで画面に集中できる環境になる（図3）。

●図2　教室での上映

　会場設営には大きな画面を作ることも重要で，ビデオプロジェクターを使用すればより大きく映すことができる。プロジェクター専用スクリーンは効率的に光を反射し，画面が明るくなるので，大きなものが用意できれば最良であるが，代用品を考えてもよい。壁が白ければそのまま使用できるし，シーツなど大きな布や工事用シートなども使用できる。

●図3　ギャラリーでの上映

　音に関しても気をつけなければならない。音の再生はプロジェクターに内蔵されるスピーカーではなく，コンパクトなものでもよいのでオーディオ用のスピーカーで行う。セリフや効果音など

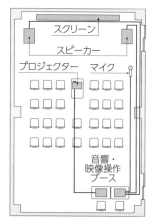

●図4　会場図面

の聴こえ方はまったく異なる。スピーカーはスクリーンの両脇に設置する（図4）。

　会場を用意することが難しい場合は，インターネット上でUSTREAMなどのリアルタイム配信形式での公開も検討する。理想的な上映環境の用意は視聴者に委ねることになるが，上映時間を設定できるのでSNSを併用すれば作品の上映体験を共有し感想を得ることができる。

▶▶ 2　上映の形式

　映像という性質上，随時観賞してもらうわけにはいかない。たとえ短い作品であっても始まりがあって，結末がある。流れや構成を考えて映像は制作されている。映像は作者の定めた時間で観てもらわなければならないものであるため，上映は時間を決めて集まってもらう方法となる。会場の都合にもよるが，上映回数は1回なのか複数回なのかを決め，多くの人が参加できるよう考える。

▶▶ 3　誰にどうやって観てもらうのか

　会場や上映時間が決定したなら人を集めなければならない。ここで伝えるべき情報は日時，場所，内容である。伝えるメディアとしてはポスターやチラシなどの印刷物と，WebやSNSなどのインターネットを利用したものがあるが，どれも配布場所や，告知方法，利用のしかたなどはよく考えなければならない。情報を掲示する場所によって受け取る人は変わるため，来てほしいターゲットの目に付きやすい場所に設置し，告知することが重要である。効果的に情報を伝えられるよう意識する。

▶ 4　運営と進行

　作品についてより興味をもって理解してもらうためにも，上映当日は上映するだけでなく，司会による進行や，作者による作品解説を行うなどイベント性を高くするとよい。DVD やインターネットで作品を観賞することと，上映会との違いを生むことで，足を運んでもらった観客にとって付加価値となり，次の上映会にまた足を運んでもらうことにつながることになる。また簡単な上映ガイドを配布するのもよい (図 5)。

▶ 5　観客の反応を収集する

　会場で作品を観る人の反応を見るのはもちろんのこと，アンケートを実施して作品の感想をもらうことは次の作品制作の参考になる。アンケートの項目としては以下が考えられる。

・年代，性別
・どうやってこの上映会を知ったか
・複数の作品がある場合はどの作品が印象に残ったか
・作品についての感想
・上映会についての感想
・運営について

　項目は聞きたいことを自由に設定するとよいが，記入してもらいやすいように選択式にするなど工夫が必要である。また集めたアンケートは項目ごとに集約し，作者へ伝える。

　Web サイトでの公開の場合も，アンケートサイトを作る，メール送信フォームを用意する，SNS をリンクさせるなど，意見をフィードバックできるようにする (図 6)。

●図 5　上映ガイド

●図 6　アンケート例

章末演習問題

・30秒から1分のCMを制作する

以下の手順に沿って，グループで役割分担し，CMを制作してみよう。

(1) **題材の選定** 身のまわりでCMの題材になりそうなものを考えてみる。グループで意見を出し合い企画してみよう。

(2) **何を伝えるか** 選んだ題材の何を伝えなければならないか，何が重要かを考える。

(3) **誰に観てもらいたいか** 制作したCMを誰に観てもらうかを想定する。それにより表現方法やメッセージを考える。

(4) **内容を考える** ドラマ仕立てやアニメーション，イメージによる構成など表現方法を選ぶ。

(5) **ロゴや画面のデザインを考える** 商品名などのロゴはIllustratorなどを使いデザインする。ロゴの表示をアニメーションで制作してもよい。

(6) **素材を制作する** 撮影やアニメーションの制作を行い，映像を編集する。

(7) **ナレーションやサウンド効果を考える** サウンドを録音，制作し，BGMも制作してみる。

(8) **試写・完成** 完成した作品を試写し，気になったところや細かな編集点などを調整し，完成させる。

Chapter 5

5 章
Web コンテンツによる情報表現

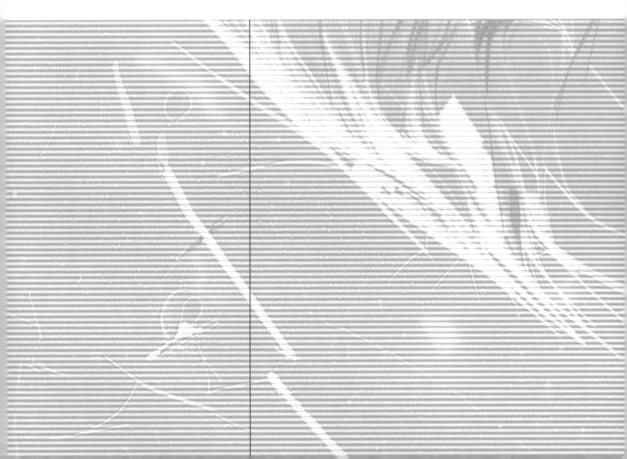

1 制作プロセスと企画

1 制作の流れ

　文字，画像，音声，映像などが複合的に統合されて，情報を伝えるメディアコンテンツになる。ここまでの章で，個々の要素をコンピュータを使ってディジタル情報として作成するための知識と技術を学んだ。本章では，それらを Web ページとして統合化することを学習する。通常，複数のページからなる Web サイトが，一つのまとまりのある情報を伝える❶。Web を伝達のための媒体として情報を発信する場合，その土台となる公開の方法には p.9 で述べたような形態がある。動画を制作し，それを公開する場合，動画共有サービスを使うのも一つの方法であり，また，ブログや SNS を使い，日記のような時系列の断片情報の一部として動画を組み込むかたちもある。しかし，動画とそれに関係する情報を，ひとまとまりの独立したものとして発信するには Web サイトを制作するのが適切である。

　図 1 は，Web サイトの伝える意味や期待する効果が "かたち" を変えていく過程と，制作作業とを対応させた図である。具体的には次のような作業プロセスを経て制作される (図 2)。

(1) 企画 (プランニング) プロセス

　どのような目的で，誰を対象に，どのような内容の Web サイトを作るかを明確にし，制作全体の計画をたてる。目的である伝える意味や期待する効果を十分検討し，対象となることがらやデータを調査する。そこから情報を取り出し，情報をかたまりに分類・整理し，関連づける。それを基に，具体的にどのような形の Web サイトにするかを決定していく。加えて，スケジュールや公開する Web サーバや形態を検討する。

(2) 設計プロセス

　情報のかたまりに表現メディアを使ってかたちを与え，それらを Web サイトとして統合するためのデザインを行う。大きくサイト全体のデザインと，個々のページデザインからなる。全体デザインでは，ページ構成やページ間の関連を決め，各ページに載せる構成要素を吟味する。ページデザインでは，基本レイアウト，サイトの基本色などを決める。

　文字，画像，音声，映像などの表現メディアの要素は，それぞれ固有の働きをもつ。Web ページの目的の実現に適した要素を選択し，適切に配置することが重要となる。要素のかたちと内容

❶ Web サイトには，データ検索，商品販売，利用者からの意見収集など，プログラムとしての機能をもつものもあるが，ここでは情報伝達に焦点を絞ったサイトを考える。

を設計し，それをどう統合するかを考えるプロセスである。

(3) 作成プロセス

　個々の構成要素を作成し，それらを統合して Web ページとしての"かたち"を作る。実際の制作作業を行うプロセスである。完成後は，サイト全体が設計どおりに機能するか動作確認テストをする。また，その結果に応じて制作の手直しを行う。企画時に意図した目的に合致したサイトになっているかを評価する。

(4) 運用プロセス

　Web サーバに制作したページを移した後，それが実際の目的どおりに機能しているかを確認する。テスト時に発見できなかった誤りの修正やリンクのチェック，利用者からの指摘や意見へのフィードバックを含む。Web サイトは制作して終わりではなく，目的どおり機能するために運用するプロセスが重要である。

　また，Web サイトを訪れた人々の数や経路などのデータを分析して，内容の更新の必要性を検討する❶。

❶ このようなデータをアクセスログという。Web ページを公開しているサーバがページへのアクセス回数や，どのようなページを経由してそのページに訪れたかなどの情報を記録している。

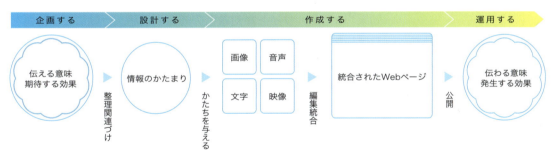

●図1　Web サイト制作における情報の"かたち"の変化

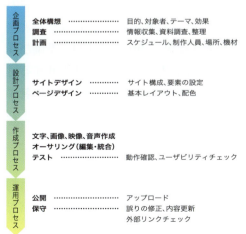

●図2　Web サイト制作の流れ

2 企画

　実際のWebサイト制作では，情報の発信を望む人（組織）の依頼を受けて制作する場合❶と，自分の目的のために制作する場合とがある。いずれの場合も，情報の発信主体が，Web情報の受け手とどうコミュニケーションするかを理解・確認することが大切で，そのことがWebサイトの目的や内容を決定する土台となる。これらを決定し，実現するための具体的な制作プロセスを準備するのが企画である。内容の検討に加え，制作にかかる時間，制作にかかわれる人員を考え，スケジュールを立てる❷。企画ワークシート (p.167) に従って，企画する内容を確認していこう❸。

(1) テーマと目的
　何をテーマとしたWebサイトなのか，制作公開の目的は何か，対象となる人々は誰かを決定する。加えて，情報発信の対象を明確にする。同じテーマでも目的や対象者によって，内容や構成が異なってくる。さらに，サイト公開によって期待する効果を文章で表してみよう。目的に対応した直接的効果に加え，間接的効果❹も考え，サイトが対象者の知識や情緒，行動にどう影響を及ぼしたいのかを明記する。

(2) 構成と表現手法
　Webサイトに載せる項目をリストアップし，おもな表現メディアを決定する❺。また，視覚的にどのようなイメージのページデザインにするかを，イメージプロットを使って決める❻。

(3) 情報の出所と発信者の姿勢
　Webサイトに載せる情報をどう取得するかを考える。既存の情報を収集してまとめるのか，独自の調査（インタビューやアンケート）や実体験に基づく情報を提供するのかにより，準備が異なる。情報の発信者の立場はサイト内容の信憑性を判断する材料となるので，適切な範囲内で載せる方向で考える。他人の著作権，プライバシーを侵さないことはWebサイトを制作する上でのルールであり，企画した内容に問題がないか確認する。

(4) 制作予定と担当
　日程的，人的な計画，制作に必要な場所や機材などの利用計画を立てる。また，Webサイトを公開するためのWebサーバをどう準備するかについても検討する。

---

❶ 仕事の場面では，Webサイト制作会社が顧客の依頼を受けて，制作することが多い。その場合，プロデューサ，ディレクタ，デザイナー，プログラマなど複数の人がチームとなって制作に当たる。

❷ グループで制作するなら，メンバの役割や分担を考える。また，どこで，どの機材（コンピュータやソフトウェアなど）を使うかについても検討する。

❸ 学校の授業で，課題としてWebサイト制作を行う場合は，顧客（教員）からの依頼を受けてWebサイト制作する想定である。与えられたテーマを基に，Webサイトの企画を提案してほしい。

❹ 例えば，在学生や入学希望者を対象に学校の歴史を伝えるのが直接的目的のWebサイトの場合，卒業生や地域の人が見て，学校をサポートする気持ちが高まったら，それは間接的効果といえる。

❺ 文章・画像・音声・映像・アニメーション・プログラム機能などの表現メディアのうち，どれを使うかを決定する。

❻ イメージプロットを使った視覚的デザインイメージの決定は，p.142で詳しく説明する。

3 著作物の権利

▶1 著作権，肖像権など

　表現メディアを使って，「思想または感情」を「創作的」に表現した，「文芸・学術・美術または音楽の範囲に属する」ものは，著作物としてその利用や複製などに関しての権利が守られる❶。著作物には，それを創作した時点で，**著作権，著作者人格権，著作者隣接権**が発生する❷。

　文章，画像，動画，音声などディジタル化したコンテンツは，複製や改変が容易で，ネットワークを通じて取得，配布され，オリジナルと複製物の区別が困難である。その結果，その意図がないにもかかわらず，著作権者の権利を侵害する行為をしてしまう可能性がある。インターネットを介して情報を収集し，再利用する場合には特に注意が必要である❸。また，著作物以外にも，画像やイラストの中に含まれる**肖像権，パブリシティ権，プライバシー権**を侵害しない配慮も必要である。

　他人の著作物を使う場合には，著作権者の許可を得るようにし，もし，使用許可が得られなければ，内容の変更を考える。

▶2 クリエイティブ・コモンズ・ライセンス（CCライセンス）❹

　CCライセンスは表現メディアを使って創作された著作物の利用を，権利を侵害せずに促進しようという精神で考案された権利（ライセンス）の体系である。著作権の保護下にあって利用に権利者の許可が必要な著作物と，著作権が放棄されたものや保護期間が終了している著作物との中間領域の権利を定義している❺。

　CCライセンスマーク❻を著作物に表記することで，著作権者が著作物の使用許可に関する自らの意思を伝えるためのツールとして使う。著作物を利用したい人はその条件の範囲内で自由に使用や改変ができる。使用の許諾確認などの手間を省き，著作物の利用が活性化することを想定している。

　ライセンスの種類には，「BY：著作権者の表示が必要」「NC：非営利目的の利用に限定」「ND：改変の禁止」「SA：元の著作物と同じCCライセンスの下でのみ頒布を許可」の4種類があり，これらの条件を組み合わせてできるライセンスのうち，右に示した六つが使われる。

❶ コンピュータのプログラムも著作物として保護される（ただし，短い創造性のないものを除く）。

❷ 付録の「著作権・肖像権等について」を参照。

❸ 無料で配布されている画像，イラスト，音声などの素材を利用する際も，権利に関する記述を確認し，著作者の権利を侵害しないように注意する。

❹ クリエイティブ・コモンズとは，クリエイティブ・コモンズ・ライセンス（CCライセンス）を提供している国際的非営利組織とそのプロジェクトの総称。

❺ 著作権で保護されている著作物がAll rights reservedであるのに対し，Some rights reservedと称される。

❻ CCライセンスマーク

表示

表示 − 継承

表示 − 改変禁止

表示 − 非営利

表示 − 非営利 − 継承

表示 − 非営利 − 改変禁止

2　Webサイトでの情報の視覚化

1　情報の構造化

▶ 1　情報の収集と分類

　企画で明確にしたWebサイトの目的に沿って，情報を調査・収集する。その際には，サイトの意図を達成するため何を伝える必要があるか，利用者は何を知りたいかを常に問いながら，網羅的，全方向的に情報の収集を進める[❶]。その後それらを分類・整理し，適当なかたまりに分ける。ページが論理的にまとまった単位に分かれていれば，サイトを見る人々にとって理解しやすい。この単位は，単に情報量（表示時のページの長さ）だけでなく，整理・分類した結果の論理的な意味や関係性を考慮して決める。このかたまりのすべてをサイトに載せるかどうかを考える前に，情報全体を見通して，整理・分類することが重要である。

　収集されただけの情報は，まだデータに過ぎず，そのままでは目的とする効果は得られない。データを整理し，データ間に関係性を与え，構造化して初めて知らせる（inform）情報になる。情報を分類する際には，いろいろな視点から検討を行う。情報の分類方法には，例えば次のようなものがある[❷]。

- 位置（場所）による分類
- 50音順やアルファベット順による分類
- 時間による分類
- 分野（種類，領域，部門）による分類
- 大小，序列など数字や程度による分類

　視点を変えることで，別の構造が見え，新しい情報が出現し，新しい理解が生まれる。構造が変わって見えれば，情報がもつ別の意味が見えてくる。それによって，調査した情報全体をよりよく理解できるようになる。このプロセスで整理・分類された情報の単位が，基本的にはWebページに相当し，文字情報が主体のもの，画像を多く含むもの，アニメーションやプログラム機能を含むものなど，さまざまな表現メディアを使った表現になる。同じ分類方法で整理された情報でも，文章や写真，動画の表現の方法によって伝わる意味も異なる。また，収集したデータはすべて使うとは限らない。何をどの程度正確に，詳細に伝えるか，どのような視点で伝えるかの取捨選択が必要になる。

---

❶
情報収集には次のような方法がある。
・書籍，論文
・行政機関などが公開する統計情報
・フィールド調査
・インタビュー
・アンケート

❷
この分類方法は，リチャード・ワーマン（R.Wurman）により提案されたもの。位置（Location），アルファベット（Alphabet），時間（Time），分類（Category），順序（Hierarchy）の頭文字をとってLATCHと名付けた（ワーマンは数字や程度による「順序」の分類を階級の意味をもつHierarchyと呼んだ）。
例えば，惑星を分類し，並べる五つの方法は次のようになる：
　L：地球からの距離
　A：名称の50音順
　T：発見された年
　C：成分
　H：半径

▶ 2　サイト内の情報構造

　次に，情報のかたまりどうしの関連性から Web サイト内での情報の構造を検討する。ページ間にどのようなリンクを配置するかで，サイト全体の構造が決まる。情報のかたまりを 1 ページとして，相互の関係を図に書いてみると，サイトの情報構造がよくわかる。構造には，図 1 に示すようなものがある。サイト全体としては階層構造をとり，部分的に直線的な構造を含むといった複合的な構造をとる場合もある。

・**直線的構造（シーケンシャル構造）**
　制作者が決めた順序で直線的に情報が提示される構造。印刷物同様，順を追った参照が望ましい内容に適する。

・**階層構造**
　大項目から小項目へ，情報のレベルが木（ツリー）構造となる構造。情報が階層構造になる場合に一般的な形式[1]。

・**格子状構造**
　関連した二つの事柄を軸に，ページを格子状に配置した構造。2 軸が明確で，その軸に従って直線的に参照する場合に有効[2]。

・**網状構造**
　情報間の関係に規則性はなく，関連を自由にリンクした構造。流動的に拡張していく情報向きだが，全体像がとらえにくい欠点がある。

[1] 階層を表すメニューを示すことで，階層の下位の情報を素早く参照できる。

[2] 例えば，年代ごとの経済，音楽，ファッションを提示するサイトを考えると，音楽を年代順に見る，一つの年代で各項目を順に見るというような，誘導ができる。

(1) 直線的構造

(2) 階層構造

(3) 格子状構造

(4) 網状構造

●図1　サイトの情報構造

2　ナビゲーション

　Webサイトを訪れた人々を求める情報がある場所（ページ）へ，誘導する道筋を**ナビゲーション**という。簡単にいえば，ページ間の移動方法で，サイトが提供する方法が適切であれば，情報に到達するまでの時間を短く，効率よくすることができる[❶]。

　ナビゲーションは具体的にはリンクを使って実現する。ページ間のリンクは，ページの構造を提示するものであり，サイト内での誘導の骨格になる。ナビゲーションで大切なのは，次の点である。

- 統一的な方法を提供すること
- 利用者がページの展開を予測しやすいこと
- サイト中で見ている情報の位置（関係）がわかること

　印刷物であれば，開いているページの位置から物理的にどこを読んでいるかわかる。しかし，Webページをブラウザで見る場合，サイト全体の大きさ，サイト内での場所の感覚がない。リンクをクリックするとどこに連れていかれるのか，それは今のページとどういう関係にあるかが，利用者に明確にわかるよう視覚化することが重要である。論理的に関連するものが視覚的にも関連付けられていると[❷]，コンテンツの全体像を把握するのに役立つ。

　また，別の検索サイトのリンクから，そのサイトに来た場合，トップページから入るとは限らない[❸]。そのような場合は，サイト内構造と現在地を示すナビゲーション機能が，特に重要になる。ナビゲーションの視覚化の手法には次のような要素があり，図1にこれらをWebページ上に配置した例を示す。

(1) ナビゲーションバー，メニュー

　ナビゲーションバーはおもにWebページの上下部に，メニューはページの左右の端にまとめて配置され，Webサイトを構成する各項目へのリンクとして使われる。また，ページの内容に埋め込まれる形でリンクリスト（箇条書き）として配置されるナビゲーションもある。バーやメニューの項目が多すぎると，選択対象の項目を探しにくくなる。10項目を超えるような場合は，項目構成を再検討してみよう[❹]。

　小さな画像（アイコン）をナビゲーションバーやメニューに使

---

❶ 目的のページに素早く到達できるしくみは，利用者にとって時間の節約になる。多くの人が活用するWebサイトで「到達するまでの時間」は全体でみると膨大である。

❷ p.22で説明したゲシュタルト要因効果を活用し，例えば，同じ背景色のエリアに，同じ文字のスタイルで表示するといったデザイン上の工夫により，関連性を示せる。

❸ サイトの入り口となる先頭のページがトップページで，ホームページとも呼ばれる。
一方，検索サイトの検索結果やWebページ上の広告のリンク先となるWebページをランディングページ（LP：Landing page）と呼ぶ。

❹ 情報の構造の元になっている分類を見直し，項目数の変更，階層の変更を考える。また情報の構造の変更が難しい場合は，文字の色やスタイルを変えるなど見た目を工夫する方法で対処する。

うこともある。画像はできる限りシンプルにし，その意味が不明確であるようなら，利用者の理解を助けるために，文字を添える。サイト内のすべてのページにおいて，同じ体裁で同じ場所に表示されるナビゲーションバーやメニューを，グローバルナビゲーションと呼ぶ。統一的なナビゲーション方法を見やすく提供することで，人々がサイト内の構造を把握しやすくなる❶。

(2) 現在地・トレイルメニュー

表示されているページが Web サイト内のどこに所属するのかをページ上に表示すると，全体の見通しをよくする。今いるページ項目のバーやメニュー上での体裁を変える，あるいは印をつけることで，現在地を示す。また，表示されているページのサイト内での位置をトレイルメニュー❷で示す方法もある。

(3) トップ / 前後ページへのリンク

トップページに戻れるリンクを，どの Web ページにも置くと，人々がサイト内で迷ってしまったときに出発点に戻れる。また，直線的な構造をとるページ間では，内容的に順番だてられた前後ページへのリンクもナビゲーション方法として有効である。これは左右矢印や「次へ」といった言葉で表されることも多いが，利用者は通常サイトの構造を理解していないので，「次」が何なのかがわからない。具体的なページ内容を表す言葉のほうが明瞭だ。

(4) サイトマップ

Web サイトに含まれる全ページの構成をまとめたものが，サイトマップである（図2）。本でいえば目次に相当する。構成ページ数の少ないサイトでは必須ではないが，Web サイト内容の全体を人々が理解する上で便利な情報となる❸。

❶ 画像の意味がわかりにくかったり，ナビゲーションバーの体裁を変えたりすると，利用者はページ間を行ったり来たりしたあとで，やっとその意味を「理解」することだろう。いちいち利用者がナビゲーションの意図を学習しなくていいことが望ましい。

❷ Web ページをたどってきた足跡を示すという意味でこう呼ばれる。トップページから順に階層をたどってそのページに至る場合だけではないので，必ずしも「足跡」ではないが，Web サイト内でページの位置を示し，上の階層の情報への移動を容易にする手段となる。

❸ サイトマップはシンプルな見やすさを重視したデザインにする。

●図2 標準的なサイトマップの例（国立国会図書館）

●図1 ナビゲーションの実例

3　ページデザインの基本

Webサイト内の情報を、シンプルで明瞭なページに視覚化していくにあたってのガイドラインを示す。

▶ 1　一貫性

共通する情報や同じ種類の要素の、位置や大きさを同じにすることで、整理された画面を作ることができる。また、全ページに渡って統一感のあるレイアウトにする。視覚的に一貫性のあるデザインが、そのWebサイトの特徴となり、覚えてもらいやすい。

ナビゲーションバーやメニューの位置、タイトルのデザイン、色使いなどに一貫性があれば、ページ間の移動も容易になり、ページ内で情報がどこにあるかの予測もしやすくなる。また、そのサイト内のページであることを、ページデザイン自身が主張することになり、利用者はサイト内に留まっていると認識できる。

▶ 2　画面の分割と配置

Webページ画面の構成、つまりレイアウトは、ブラウザの長方形の画面空間を分割し、その分割された空間の中に表現する対象を配置するという二つの作業からなる❶。

❶ 長方形の画面空間の分割については2.2節で説明した。Webページの画面は縦の長さが不定の長方形で、その一部のみがブラウザの画面を通して見えている状態だ。ページ先頭部分とページ末尾部分を含めた長方形画面を想定して画面構成を検討する。

Webページ上に配置する要素の大きさや位置を想定し、まず画面をいくつかのエリアに分ける。このとき格子（グリッド）状に分割すると、機能的で整然とした画面になる（図1）。グリッド上に要素を配置していくことで、大きさや位置を自然とそろえることができる。全ページに渡り、同じレイアウトを使うことで、一貫性が保たれる。

●図1　同じ画面分割を使ったレイアウトの例

特に短いページでない限り，ブラウザ上にはページの先頭部分だけが表示され，ブラウザウィンドウの高さから外れた部分を見るにはスクロール操作が必要になる。要素を配置する際には，このことに注意しよう。ページの上部に重要な情報やナビゲーション機能を配置しないと，多くの人が，ページの下部に掲載された重要な情報を見る機会を逃してしまうかもしれない。

▶ 3　シンプルさと強調

画面上の要素が多くなると，雑然とした印象を与えやすい。これを防ぐには，複雑化した要素の分類整理を再検討してシンプル化を図ることと，要素の揃え方を統一し，余白を置くことで見やすさを向上させることである。バランスの取れたレイアウトは，人々のWebサイトに対する信頼感を高める。

タイポグラフィ，画像，色を使って人々の視線を適切に導きながら，構成要素を配置する。文字のフォントやスタイル，画像，色などで視覚的フォーカスをおくことで，明瞭性や操作性が高まる❶。視点をポイントとなる要素に導くために，画像を使うことも多いが，アイコンなど視覚的フォーカスに使う画像は小さくし，その数を少なく，かつ全ページに渡って共通して使えば，ページが表示されるまでの時間（ロード時間）を短縮できる。

図2はレイアウトの一例で，画面を3領域に分け，上部にページタイトル（ヘッダ部），下部左に情報の本体，下部右にグローバルナビゲーションのメニューを配置している。ヘッダ部右の色面は下部右段のメニューの存在を強調するとともに，ページ全体のイメージを色彩で示す役割をもっている❷。

❶ ただし，ページの多くの部分に強調を使いすぎると効果がないだけでなく，雑然とした印象を与える。バランスが重要だ。

❷ ページのデザインを決定するにあたって考慮する点は，どのような印象を与えるページとするかに関係している。p.142で述べるページの「イメージの決定」を参照。

●図2　画面分割と要素の配置の実例

4 ユーザビリティガイドライン

Webサイトは,「読む」「聞く」「見る」に加え,「使う」ものでもある。操作のしやすさ,情報の得やすさなど,サイトの使いやすさを**ユーザビリティ**(usability)という。ユーザビリティは国際標準化機構(ISO)によって,ある製品をある状況で「使う」ときの,次の三つの要素の程度と定義されている❶。

- 有効さ:目的を達成する上での正確さ,完全さ
- 効率:目的を達成するまでに費やした時間や労力
- 満足度:不快感なく,肯定的な姿勢で利用できる

サイトのユーザビリティの3要素の程度を高めるために,どのような点に注意を払う必要があるか,そのガイドラインを説明する。以下のガイドラインには,Webアクセシビリティの観点も含む。アクセシビリティは身体的制約や利用環境によらず同じようにWebコンテンツから情報を得られることを意味し,その向上のためのガイドライン(WCAG)がW3Cから勧告されている❷。

▶ 1 テキスト

Webコンテンツには複数の表現メディアが統合されているが,情報を伝える大きな役割はテキスト(文章)にある。他の情報伝達の文書と同様に,一般人が理解できる平易な表現にすること,また慣用句や専門用語などに注意を払うことが求められる。さらに,段落を多用し,情報のまとまりを利用者に示すと読みやすい❸。

画像や動画などの要素には代替のテキストを用意して,画像が見られなくても内容が伝わるようにする。また,適切なリンク文字列や説明を使って,利用者にリンク先には何があるのかを伝え,利用者が展開を予測できるようにする❹。

▶ 2 文字の表現

Webページに置かれた文字は,特に指定しないと,ブラウザ上で白い背景の上に黒で描画される。これを変更する場合には背景色と描画色に十分なコントラストがあるように色を選択する❺。また,文字の大きさは,ブラウザの拡大機能を使って利用者が変えられるが,それが可能なようにページを作るのが望ましい。画像化された文字は,利用者による変更が制限されるため,

---

❶ ユーザビリティを定義しているISO規格(ISO 9241-11)は,JIS Z 8521としてJIS規格になっている。
有効さ:Effectiveness
効率:Efficiency
満足度:Satisfaction

❷ Web技術に関する標準を策定する組織であるW3Cがウェブコンテンツ・アクセシビリティ・ガイドライン(WCAG)2.0を勧告として公開。日本ではWCAGを含む形で,JIS X 8341の3部にウェブコンテンツのアクセシビリティ要件が定められている。

❸ 段落には改行だけでなく,空白行を入れて,段落の区切りを明確に示す。
利用者はまず見出しに目をやるので,段落の内容が端的に伝わる言葉による見出しがついていると,情報のかたまりをとらえるのが容易になる。段落分けは印刷物以上に重要だ。

❹ 操作をしたら,何が起こるかを推測できることは,ユーザビリティの観点から重要である。

❺ 十分なコントラストをもたせることは,視覚に違いがある人に対する配慮にもなり,ページのアクセシビリティを高める。また,グレースケールで印刷して読む場合にも役立つ。

装飾的な目的，ロゴマークなど特定の場合に限定して使う。

色だけを使って情報を伝えることは避ける。色彩が利用者に見えなくとも❶，同じ情報が伝わらなくてはならない。「信号の●は進めです。」という文があったとする。●を赤く表示したとしても，誰もが赤い●を見ているとは限らない❷。

▶ 3　Webページの長さ

Webページの長さは内容によりさまざまである。一般的には，A4サイズで印刷した場合，1から3ページ，長くても5ページ程度に収まるのが適当であろう。これはあくまで一般的な目安で，必要によってはまとまった情報が一つの長いWebページの中で提供されていることがよい場合もある❸。ただ，トップページやナビゲーションのためのメニューページは，フルスクリーンサイズの2倍以内の長さにすると，操作しやすい。

▶ 4　Webページの横幅

PCモニタ上ではブラウザのウィンドウ幅を利用者が変更できる。Webページのテキスト部分はブラウザのウィンドウ幅に合わせて折り返されるが，テーブルや画像などの幅がウィンドウ幅を超えると，横スクロールバーがつく❹。この横方向へのスクロールは，ページの操作性を低下させるので，特定の横幅で見ることを前提としたデザインは避けるのが望ましい❺。

しかし，画像サイズやレイアウト上，横幅を固定したい場合もある。解像度の低いモニタのサイズ1024×768ピクセルを想定すると，Webページの最大の固定横幅は980ピクセルである。その場合でも，読みやすさに配慮し，テキストの1行の文字数は40文字（英数字のみの場合80文字）以下となるようにする。

▶ 5　ページのデータ量

ページを記述したHTMLファイル，そこに埋め込まれた画像ファイル，アニメーションや映像などを合わせたものが，そのページのデータ量である。データ量の大きさはロード時間に影響する。利用者がどのぐらいの間「待てる」かは❻，利用者のそのページへの欲求度，ページの訴求力によって変わるが，一般に

---

❶ 赤を知覚する視神経，緑を知覚する視神経の機能が失われていると，赤と緑が同じような茶色に見える。誰もが同じように利用できるように，イラストや写真などで情報を伝えるときにも注意を払うことが必要。

❷ 色なしでも理解できるようにデザインするのは，病気をもつ人，高齢者など広い範囲の利用者に同じ情報が伝達できるように配慮するアクセシビリティの観点から重要である。

❸ その一例が印刷用のページだ。利用者がサイトのある部分を印刷したいとき，個々のページで印刷操作をするのはやっかいだ。1回の操作でまとまった内容全体を印刷できるよう，関連ページが「印刷用」として一つのページにまとめて提供されていると便利である。

❹ スタイルシートのプロパティwidthを指定した要素やテーブル，画像に加え，整形済みテキストを表す<pre>タグで囲んだ部分も折り返されず，固定的な幅をもつ。

❺ 携帯端末を含め，さまざまなサイズの画面で適切に表示するためにも避ける。

❻ Webユーザビリティの研究者ヤコブ・ニールセンによるWebサイトの反応時間に関する研究で，利用者の注意をひきつけておける時間の限界は10秒，利用者の思考を妨げない時間の限界は1秒との結果がある。

(a) トップページ

(b) サイト内のページ例

(c) トップページ

(d) サイト内のページ例

●図1　トップページの例
著者が授業資料や教材を提供するサイト．
(a)(b) はトップページと各項目ページのデザインが同じ．上部グローバルナビゲーションバーから各ページへ移動．
(c)(d) はトップページと項目ページのデザインが異なる．トップページ左部は各項目へのリンクと概略説明，右部はすでに内容を知っている人のためのメニュー．

10秒といわれている．これが人間の集中力の限界で，それ以上は待ちきれない．

　ほとんどの利用者が，回線速度が速いネットワークに接続している状況であるが，それゆえ高い応答性が求められる．また，携帯端末からのアクセスなど異なる環境で使われる場合もあり，データ量に配慮が必要だ．

▶ 6　トップページの役割

　トップページはサイトの顔となる重要なページで，多くの場合，ここから Web サイトにアクセスする．トップページの役割は，人々に次のことを示すことにある．

・何を目的にした Web サイトか
・どのような情報が提供されているのか
・誰が（どんな組織が）公開している Web サイトか

　多くの人は特定の目的をもって，そのサイトを訪れる．ある情報を探していて，他サイトからリンクを経由してそのサイトにたどり着いた場合，探している情報がここにあるかどうかの見当を，トップページが知らせてくれていれば，このサイトをじっくり見るべきか，別のサイトに行くべきかの判断が容易に下せる．また，求める情報があると知っていてそのサイトを訪れた場合も，その情報が記載されている場所に早くたどり着けると親切だ．

▶ 7　トップページのデザイン

　「このサイトは何か」に関する情報の提供に加えて，トップページは Web サイト全体のイメージを確立するものでもある．前節ではサイト全体で一貫性のあるデザインスタイルをもつべきと述べた．トップページがそのスタイルを提示することになる．一方で，サイトを構成する他のページとは違う，特別なデザインを取る場合もある（図1）．

　トップページのダウンロード時間は短い方がよい．この観点からいうと，トップページに動く要素やアニメーションを置くことは，必要性をよく考え，慎重にする．トップページは，そのサイトにいる間，頻繁に戻ってくる可能性のあるページであり，その度にそれを見せられるのは利用者にはわずらわしい．

演習問題

1 公開されている Web サイトの一つを取り上げ，次の観点で観察，分析してみよう。

対象とした Web サイトの名前と URL	
観察，分析観点	結果
サイトの目的は何か。それはわかりやすく示されているか。	
提供されているナビゲーション手段は何か。	
Web サイト内の情報構造はどんなものか。	
誰が公開しているサイトか。それはわかりやすく示されているか。	
ブラウザウィンドウの大きさを変えても，情報を見るのに不都合はないか。	
ブラウザの機能で文字の大きさを変えても，情報を見るのに不都合はないか。	
携帯電話など小さい画面で見た場合，使い勝手はどうか。	

2 公開されている Web サイトを一つ取り上げ，p.164 のユーザビリティチェックリストを使って，評価してみよう。そして，このユーザビリティの評価結果を見て，改善するとしたらどういう点かを考えてみよう。

3 動的な表現メディアを効果的に使って情報を提供するサイトを探して，紹介しよう。
　　(1) 映像
　　(2) アニメーション
　　(3) ゲームなどのインタラクティブコンテンツ

3 イメージの決定

1 デザイン設計の方向性

単なる思いつきや，成り行きで Web ページのデザインを進めるのではなく，企画内容をしっかりと反映させたビジュアルイメージとなるようデザイン設計に取り組むために，その手助けとなるツールを紹介する。

▶ 1 イメージプロットとは

Web サイトのデザイン設計を行う上で，その基底となるイメージを言葉のキーワードに置き換えて，デザインの方向性を考えるためのツールとして開発した。

縦軸に [動] と [静]，横軸に [遊] と [知] という，デザイン表現とコンテンツの意味内容上の方向性を配置している。動的なデザイン表現とコンテンツの意味内容，その対極として静的なデザイン表現と意味内容，遊的なデザイン表現とコンテンツの意味内容，その対極として知的なデザイン表現と意味内容という象限で構成されている (図 1)。

それぞれの方向性に対して，その度合いの強さを表す同心円が描かれ，その上にデザイン表現のキーワードがカタカナで，コンテンツの意味内容のキーワードが漢字やひらがなで配されている。

▶ 2 イメージプロットの活用

これから制作しようとする Web サイトが，デザイン表現的には，どのキーワードに合致するか？また，コンテンツの意味内容としては，どのキーワードに合致するか？を検討する。それぞれのキーワードを起点として，具体的にどのようなデザインとコンテンツの表現に結びつけていくか，デザイン設計のコンセプトづくりとして，しっかりと考えを深めることが大切である。

選択した二つのキーワードが，比較的近接することが標準的なケースであると考えられるが，ときにはキーワードが象限を越えて選択されることもあるだろう。そうした場合は特に，なぜデザイン表現とコンテンツの意味内容にそうした距離が生じるのか？をしっかりと検討する必要がある。その点を検討し，自分なりの答えを導き出すことで，デザインの方向性も明確になるであろう。

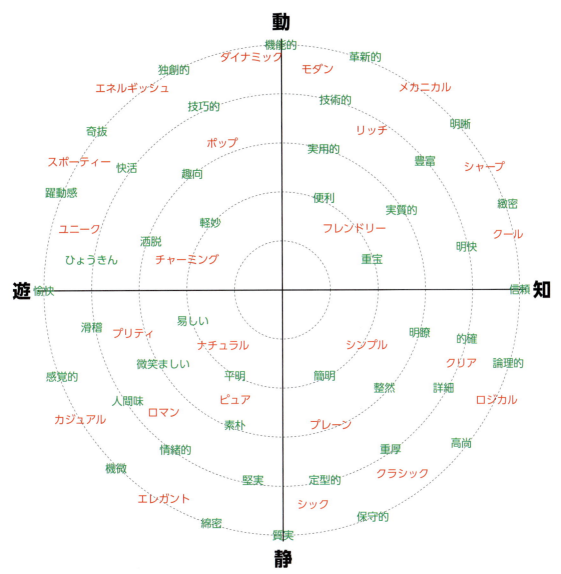

●図1　イメージプロット

2 スタンダードデザインパターン

　デザイン表現に，厳格なたった一つの正解というものはない。一方，情報の受け手としての他者が必ず存在し，そこでデザインとしての機能がつねに問われる。自由な表現の世界を探索する前段階において，標準的なデザインイメージを確認してみよう。

▶ 1　スタンダードデザインテーブル

　スタンダードデザインテーブルは，先のイメージプロットのキーワードごとのパターンサンプルについて，形態や色彩，またそれらの配置について，デザイン表現上の標準的な観点をまとめたものである。

　これまでの各章で学んできた，デザイン表現における基本要素の特性やその視覚的効果などを改めて見直し，それぞれのキーワードがもつ表現上の特徴を，デザイン表現に結びつけていく際に，次のスタンダードデザインパターンと併せて参考にしてほしい。

▶ 2　スタンダードデザインパターン

　p.146 からのスタンダードデザインパターンは，先のイメージプロットに配されているデザイン表現のキーワードについて，形や色の視覚的要素（エレメント）のサンプルを集めたものである。キーワードとされている言葉から連想するイメージや印象には，個人の感覚による差があり，限定できるものではない。そうしたイメージや印象の中にも，一般的に理解され，受け入れられる共通要素は存在する。それらを抽出したものがこのスタンダードデザインパターンである。

　見開きページごとに六つのキーワードを並べ，デザイン設計の参考となる情報をまとめた。サンプルはあくまで参考資料であり，この内容に厳格に沿う必要はない。一般的な観点でとらえたイメージとして，それを踏まえた上でどのような表現を目指すかが重要なポイントとなる。イメージプロットと同様に，ここでも具体的にどのようなデザインとコンテンツの表現を視覚的に定着させるのかを，しっかりと考えることに意義がある。

●表　スタンダードデザインテーブル

		モダン	メカニカル	シャープ	クール	リッチ	フレンドリー	ロジカル	クラシック	シック	クリア	プレーン	シンプル	エレガント	カジュアル	ロマン	プリティ	ピュア	ナチュラル	スポーティー	エネルギッシュ	ダイナミック	ユニーク	チャーミング	ポップ
形態	抽象形態によるエレメント																					○	○		
	自然形態によるエレメント								○							○			○						
	幾何形態によるエレメント			○									○												
	多様な形態の複合使用とその調和	○				○			○					○								○			
	共通性の高いエレメントによる統一感		○	○						○	○							○							○
	立体感や空間性を感じさせるエレメント処理		○			○																			
	エレメントの連続性と対比の効果	○				○		○											○		○	○			
	硬い素材感によるエレメント処理		○							○															
	柔らかい素材感によるエレメント処理						○									○								○	
	エレメントの装飾性が高い複雑な形態表現	○							○					○											
	エレメントの装飾性が低い単純な形態表現			○														○							
	モチーフを単純化した形態表現						○				○		○											○	○
	モチーフの特徴を強調した形態表現														○	○			○				○	○	○
	伝統的な意匠を想起させる形態表現					○			○	○						○									
	運動性や移動感が感じられる形態表現		○	○											○					○	○	○			
	形態に独自性が高く個性的な印象																					○	○		
	形態と意味内容との関連性が強い表現				○			○								○									
色彩	色相差の大きい配色	○									○					○					○	○			○
	色相差の小さい配色				○				○	○				○					○						
	彩度差の大きい配色				○			○							○										
	彩度差の小さい配色	○				○	○		○	○				○				○						○	
	明度差の大きい配色								○		○								○						○
	明度差の小さい配色				○		○			○								○							
	多様な色彩の複合使用とその調和	○				○			○					○							○	○			
	共通性の高い配色による統一感		○	○						○	○							○							○
	立体感や空間性を感じさせる色彩表現		○			○																			
	硬い素材感を感じさせる色彩表現		○							○															
	柔らかい素材感を感じさせる色彩表現						○									○								○	
	運動性や移動感が感じられる色彩表現		○	○											○					○	○				
	配色に独自性が高く個性的な印象															○					○		○		
	色彩と意味内容との関連性が強い表現			○				○										○							
配置	対称なエレメントのレイアウト			○					○	○					○									○	
	非対称なエレメントのレイアウト	○	○		○										○	○						○	○		○
	グリッド拘束率の高いレイアウト	○	○	○				○	○											○	○				
	グリッド拘束率の低いレイアウト						○							○		○	○		○			○	○	○	
	ジャンプ率の高いエレメント処理									○	○				○					○	○	○	○		○
	ジャンプ率の低いエレメント処理			○	○			○					○												
	ホワイトスペースの多いレイアウト				○								○						○						
	ホワイトスペースの少ないレイアウト					○																○			○

3節　イメージの決定

modern
モダン

形態　多様な形態の複合使用とその調和
　　　エレメントの連続性と対比の効果
　　　エレメントの装飾性が高い複雑な形態表現

色彩　色相差の大きい配色
　　　彩度差の小さい配色
　　　多様な色彩の複合使用とその調和

配置　非対称なレイアウト
　　　グリッド拘束率の高いレイアウト

ビジュアルイメージ

カラーチャート

2色の配色

 R:99 R:66　　　　　R:00 R:CC
　　　　　　　 G:CC G:33　　　　　G:00 G:CC
　　　　　　　 B:99 B:33　　　　　B:99 B:66

 R:66 R:00　　　　　R:99 R:99
　　　　　　　 G:99 G:00　　　　　G:33 G:99
　　　　　　　 B:99 B:00　　　　　B:66 B:66

4色の配色

R:FF R:FF　　　　　R:99 R:33
G:66 G:FF　　　　　G:CC G:33
B:00 B:FF　　　　　B:99 B:33
R:CC R:FF　　　　　R:66 R:CC
G:CC G:00　　　　　G:99 G:99
B:66 B:00　　　　　B:99 B:99

文字の配色

 R:99 R:CC　 R:66 R:00
　　　　　　　 G:33 G:CC　　　　　G:99 G:00
　　　　　　　 B:66 B:66　　　　　B:99 B:99

mechanical
メカニカル

形態　立体感や空間性を感じさせるエレメント処理
　　　硬い素材感によるエレメント処理
　　　運動性や移動感が感じられる形態表現

色彩　立体感や空間性を感じさせる色彩表現
　　　硬い素材感を感じさせる色彩表現
　　　運動性や移動感が感じられる色彩表現

配置　非対称なレイアウト
　　　グリッド拘束率の高いレイアウト

ビジュアルイメージ

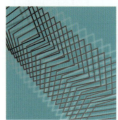

カラーチャート

2色の配色

R:00 R:33　　　　　R:99 R:99
G:33 G:66　　　　　G:99 G:CC
B:66 B:66　　　　　B:99 B:CC

R:33 R:FF　　　　　R:CC R:00
G:33 G:FF　　　　　G:CC G:66
B:33 B:FF　　　　　B:CC B:99

4色の配色

R:00 R:66　　　　　R:FF R:33
G:00 G:66　　　　　G:FF G:66
B:66 B:66　　　　　B:FF B:66
R:33 R:00　　　　　R:99 R:33
G:99 G:00　　　　　G:99 G:33
B:99 B:00　　　　　B:66 B:33

文字の配色

 R:33 R:CC　 R:00 R:00
　　　　　　　 G:66 G:CC　　　　　G:66 G:00
　　　　　　　 B:99 B:CC　　　　　B:99 B:66

sharp
シャープ

形態　幾何形態によるエレメント
　　　共通性の高いエレメントによる統一感
　　　運動性や移動感が感じられる形態表現

色彩　色相差の小さい配色
　　　共通性の高い配色による統一感
　　　運動性や移動感が感じられる色彩表現

配置　対称なレイアウト
　　　ジャンプ率の低いエレメント処理

ビジュアルイメージ

カラーチャート

2色の配色

R:66 R:33　　　　　R:33 R:FF
G:CC G:66　　　　　G:33 G:FF
B:33 B:99　　　　　B:33 B:66

R:66 R:00　　　　　R:CC R:66
G:99 G:00　　　　　G:CC G:66
B:99 B:00　　　　　B:CC B:99

4色の配色

R:FF R:33　　　　　R:00 R:99
G:FF G:66　　　　　G:00 G:CC
B:FF B:99　　　　　B:00 B:FF
R:66 R:00　　　　　R:CC R:00
G:99 G:00　　　　　G:CC G:99
B:99 B:00　　　　　B:CC B:99

文字の配色

 R:CC R:66　 R:66 R:00
　　　　　　　 G:CC G:66　　　　　G:99 G:33
　　　　　　　 B:CC B:99　　　　　B:99 B:66

cool
クール

形態　共通性の高いエレメントによる統一感
　　　エレメントの装飾性が低い単純な形態表現
　　　形態と意味内容との関連性が強い表現

色彩　明度差の小さい配色
　　　共通性の高い配色による統一感
　　　色彩と意味内容との関連性が強い表現

配置　グリッド拘束率の高いレイアウト
　　　ジャンプ率の低いエレメント処理
　　　ホワイトスペースの多いレイアウト

ビジュアルイメージ

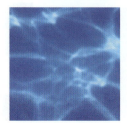

カラーチャート

2色の配色

R:00 R:CC	R:CC R:00
G:66 G:FF	G:CC G:99
B:66 B:CC	B:FF B:CC

R:66 R:FF	R:CC R:66
G:CC G:FF	G:FF G:FF
B:CC B:FF	B:CC B:33

4色の配色

R:CC R:00	R:33 R:CC
G:FF G:66	G:99 G:CC
B:CC B:66	B:99 B:FF
R:66 R:00	R:66 R:CC
G:CC G:99	G:99 G:FF
B:CC B:CC	B:CC B:CC

文字の配色

 R:99 R:FF / G:CC G:FF / B:FF B:FF 　　 R:CC R:66 / G:FF G:FF / B:CC B:33

rich
リッチ

形態　多様な形態の複合使用とその調和
　　　立体感や空間性を感じさせるエレメント処理
　　　エレメントの連続性と対比の効果

色彩　彩度差の大きい配色
　　　多様な色彩の複合使用とその調和
　　　立体感や空間性を感じさせる色彩表現

配置　非対称なレイアウト
　　　グリッド拘束率の高いレイアウト
　　　ホワイトスペースの少ないレイアウト

ビジュアルイメージ

カラーチャート

2色の配色

R:33 R:99	R:CC R:FF
G:33 G:33	G:99 G:00
B:66 B:00	B:33 B:33

R:33 R:CC	R:99 R:CC
G:33 G:CC	G:99 G:00
B:33 B:00	B:99 B:00

4色の配色

R:CC R:CC	R:CC R:99
G:00 G:66	G:CC G:33
B:00 B:00	B:00 B:66
R:33 R:FF	R:CC R:33
G:33 G:CC	G:99 G:33
B:00 B:00	B:33 B:33

文字の配色

 R:99 R:CC / G:33 G:CC / B:00 B:00 　　R:99 R:CC / G:99 G:00 / B:99 B:00

friendly
フレンドリー

形態　柔らかい素材感によるエレメント処理
　　　モチーフを単純化した形態表現
　　　伝統的な意匠を想起させる形態表現

色彩　彩度差の小さい配色
　　　明度差の小さい配色
　　　柔らかい素材感を感じさせる色彩表現

配置　グリッド拘束率の低いレイアウト
　　　ホワイトスペースの少ないレイアウト

ビジュアルイメージ

カラーチャート

2色の配色

R:CC R:FF	R:FF R:CC
G:33 G:CC	G:99 G:FF
B:33 B:33	B:99 B:66

R:FF R:66	R:00 R:FF
G:99 G:CC	G:33 G:FF
B:66 B:99	B:CC B:66

4色の配色

R:66 R:FF	R:FF R:FF
G:CC G:FF	G:99 G:FF
B:99 B:FF	B:66 B:66
R:FF R:99	R:FF R:66
G:99 G:FF	G:66 G:CC
B:00 B:33	B:33 B:CC

文字の配色

 R:FF R:33 / G:99 G:99 / B:99 B:CC 　　 R:99 R:CC / G:CC G:33 / B:00 B:33

logical
ロジカル

形態　エレメントの連続性と対比の効果
　　　エレメントの装飾性が低い単純な形態表現
　　　形態と意味内容との関連性が強い表現

色彩　色相差の小さい配色
　　　彩度差の小さい配色
　　　色彩と意味内容との関連性が強い表現

配置　グリッド拘束率の高いレイアウト
　　　ジャンプ率の低いエレメント処理
　　　ホワイトスペースの少ないレイアウト

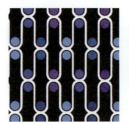

ビジュアルイメージ　カラーチャート

2色の配色

	R:66 R:33 G:00 G:00 B:66 B:33		R:66 R:CC G:00 G:CC B:00 B:99
	R:00 R:00 G:33 G:00 B:00 B:99		R:FF R:33 G:FF G:33 B:FF B:00

4色の配色

| | R:00 R:00
G:00 G:00
G:33 B:00
R:66 R:CC
G:66 G:CC
B:66 B:99 | | R:66 R:33
G:00 G:00
B:66 B:33
R:CC R:66
G:CC G:00
B:66 B:00 |

文字の配色

| Color | R:66 R:00
G:00 G:00
B:00 B:00 | Color | R:00 R:99
G:33 G:66
B:00 B:00 |

---

classic
クラシック

形態　多様な形態の複合使用とその調和
　　　エレメントの装飾性が高い複雑な形態表現
　　　伝統的な意匠を想起させる形態表現

色彩　彩度差の大きい配色
　　　明度差の大きい配色
　　　多様な色彩の複合使用とその調和

配置　対称なレイアウト
　　　グリッド拘束率の高いレイアウト
　　　ホワイトスペースの少ないレイアウト

ビジュアルイメージ　カラーチャート

2色の配色

	R:99 R:99 G:00 G:33 B:33 B:00		R:66 R:CC G:66 G:99 B:33 B:66
	R:99 R:66 G:66 G:00 B:00 B:00		R:33 R:00 G:33 G:00 B:33 B:33

4色の配色

| | R:00 R:33
G:00 G:33
B:33 B:33
R:66 R:99
G:00 G:66
B:00 B:00 | | R:99 R:33
G:33 G:00
B:00 B:33
R:66 R:33
G:66 G:33
B:33 B:00 |

文字の配色

| Color | R:CC R:33
G:99 G:00
B:66 B:33 | Color | R:66 R:00
G:66 G:00
B:33 B:33 |

---

chic
シック

形態　共通性の高いエレメントによる統一感
　　　エレメントの装飾性が低い単純な形態表現
　　　伝統的な意匠を想起させる形態表現

色彩　彩度差の小さい配色
　　　明度差の小さい配色
　　　共通性の高い配色による統一感

配置　グリッド拘束率の高いレイアウト
　　　ジャンプ率の低いエレメント処理

ビジュアルイメージ　カラーチャート

2色の配色

	R:CC R:33 G:99 G:33 B:33 B:00		R:33 R:33 G:66 G:33 B:33 B:33
	R:99 R:33 G:CC G:66 B:66 B:66		R:CC R:99 G:CC G:99 B:99 B:99

4色の配色

| | R:33 R:33
G:33 G:66
B:00 B:33
R:33 R:99
G:66 G:CC
B:66 B:99 | | R:00 R:33
G:00 G:33
B:33 B:33
R:99 R:99
G:66 G:66
B:33 B:66 |

文字の配色

| Color | R:CC R:CC
G:99 G:CC
B:33 B:CC | Color | R:33 R:33
G:66 G:33
B:66 B:00 |

clear
クリア

形態　硬い素材感によるエレメント処理
　　　エレメントの装飾性が低い単純な形態表現
　　　モチーフを単純化した形態表現

色彩　色相差の小さい配色
　　　明度差の大きい配色
　　　硬い素材感を感じさせる色彩表現

配置　対称なレイアウト
　　　ジャンプ率の低いエレメント処理
　　　ホワイトスペースの多いレイアウト

ビジュアルイメージ

カラーチャート

2色の配色

R:33 R:99	R:33 R:99
G:99 G:CC	G:99 G:FF
B:CC B:CC	B:99 B:33
R:66 R:FF	R:66 R:99
G:CC G:FF	G:CC G:CC
B:99 B:FF	B:33 B:FF

4色の配色

R:99 R:FF	R:FF R:66
G:FF G:FF	G:FF G:CC
B:33 B:FF	B:FF B:99
R:66 R:99	R:33 R:99
G:CC G:CC	G:99 G:CC
B:33 B:CC	B:CC B:CC

文字の配色

Color R:66 R:FF	Color R:CC R:33
G:CC G:FF	G:CC G:99
B:99 B:FF	B:CC B:CC

---

plain
プレーン

形態　自然形態によるエレメント
　　　共通性の高いエレメントによる統一感
　　　モチーフを単純化した形態表現

色彩　彩度差の小さい配色
　　　明度差の小さい配色
　　　共通性の高い配色による統一感

配置　対称なレイアウト
　　　ジャンプ率の高いエレメント処理

ビジュアルイメージ

カラーチャート

2色の配色

R:99 R:99	R:CC R:CC
G:99 G:99	G:CC G:99
B:99 B:CC	B:33 B:66
R:66 R:FF	R:66 R:FF
G:99 G:FF	G:99 G:99
B:FF B:FF	B:99 B:66

4色の配色

R:99 R:CC	R:99 R:66
G:CC G:CC	G:99 G:CC
B:66 B:CC	B:99 B:66
R:66 R:FF	R:99 R:99
G:99 G:FF	G:99 G:CC
B:99 B:FF	B:CC B:66

文字の配色

Color R:CC R:99	Color R:99 R:66
G:CC G:99	G:CC G:CC
B:CC B:99	B:CC B:66

---

simple
シンプル

形態　幾何形態によるエレメント
　　　エレメントの装飾性が低い単純な形態表現

色彩　色相差の小さい配色
　　　彩度差の小さい配色
　　　明度差の小さい配色

配置　グリッド拘束率の高いレイアウト
　　　ジャンプ率の低いエレメント処理
　　　ホワイトスペースの多いレイアウト

ビジュアルイメージ

カラーチャート

2色の配色

R:CC R:CC	R:99 R:33
G:99 G:CC	G:CC G:33
B:CC B:CC	B:CC B:33
R:CC R:66	R:00 R:99
G:FF G:99	G:00 G:CC
B:FF B:CC	B:00 B:CC

4色の配色

R:99 R:66	R:33 R:66
G:99 G:99	G:99 G:99
B:99 B:CC	B:66 B:CC
R:CC R:99	R:99 R:CC
G:CC G:CC	G:CC G:FF
B:CC B:99	B:CC B:FF

文字の配色

Color R:CC R:FF	Color R:00 R:CC
G:CC G:FF	G:66 G:CC
B:CC B:FF	B:99 B:CC

3節　イメージの決定　149

elegant
エレガント

形態　多様な形態の複合使用とその調和
　　　エレメントの装飾性が高い複雑な形態表現
　　　伝統的な意匠を想起させる形態表現

色彩　色相差の大きい配色
　　　明度差の大きい配色
　　　多様な色彩の複合使用とその調和

配置　グリッド拘束率の低いレイアウト
　　　ジャンプ率の高いエレメント処理

ビジュアルイメージ

カラーチャート

2色の配色

 R:FF R:00
G:CCG:00
B:99 B:00

 R:66 R:CC
G:66 G:99
B:33 B:CC

R:99 R:66
G:CCG:33
B:33 B:99

R:00 R:66
G:33 G:99
B:66 B:00

4色の配色

R:FF R:66
G:FF G:33
B:FF B:99
R:99 R:CC
G:CCG:CC
B:33 B:CC

R:CCR:99
G:66 G:CC
B:66 B:33
R:CCR:66
G:CCG:33
B:CCB:99

文字の配色

Color R:99 R:66
G:CCG:33
B:33 B:99

Color R:CCR:66
G:99 G:66
B:CCB:33

casual
カジュアル

形態　柔らかい素材感によるエレメント処理
　　　モチーフの特徴を強調した形態表現
　　　運動性や移動感が感じられる形態表現

色彩　色相差の大きい配色
　　　柔らかい素材感を感じさせる色彩表現
　　　運動性や移動感が感じられる色彩表現

配置　非対称なレイアウト
　　　ジャンプ率の高いエレメント処理

ビジュアルイメージ

カラーチャート

2色の配色

R:00 R:FF
G:33 G:66
B:99 B:66

R:66 R:FF
G:99 G:CC
B:CCB:66

R:99 R:99
G:CCG:33
B:33 B:00

R:FF R:FF
G:00 G:CC
B:00 B:33

4色の配色

R:FF R:99
G:66 G:33
B:66 B:00
R:00 R:FF
G:33 G:FF
B:99 B:00

R:FF R:00
G:CCG:33
B:33 B:99
R:FF R:00
G:00 G:00
B:00 B:00

文字の配色

Color R:FF R:00
G:FF G:33
B:99 B:99

Color R:00 R:FF
G:33 G:00
B:99 B:00

roman
ロマン

形態　自然形態によるエレメント
　　　モチーフの特徴を強調した形態表現
　　　伝統的な意匠を想起させる形態表現

色彩　彩度差の大きい配色
　　　明度差の大きい配色
　　　配色に独自性が高く個性的な印象

配置　非対称なレイアウト
　　　ジャンプ率の高いエレメント処理

ビジュアルイメージ

カラーチャート

2色の配色

R:CCR:CC
G:CCG:66
B:CCB:33

R:CCR:66
G:CCG:99
B:66 B:99

R:66 R:CC
G:99 G:FF
B:33 B:CC

R:FF R:66
G:FF G:99
B:99 B:33

4色の配色

R:FF R:CC
G:99 G:66
B:99 B:33
R:FF R:CC
G:CCG:FF
B:99 B:CC

R:CCR:66
G:CCG:99
B:CCB:33
R:FF R:CC
G:FF G:CC
B:FF B:66

文字の配色

Color R:CCR:FF
G:66 G:FF
B:33 B:FF

Color R:CCR:66
G:FF G:99
B:CCB:99

150　5章　Webコンテンツによる情報表現

pretty
プリティ

形態　エレメントの連続性と対比の効果
　　　柔らかい素材感によるエレメント処理
　　　モチーフを単純化した形態表現

色彩　色相差の小さい配色
　　　彩度差の小さい配色
　　　柔らかい素材感を感じさせる色彩表現

配置　グリッド拘束率の低いレイアウト
　　　ジャンプ率の高いエレメント処理

ビジュアルイメージ

カラーチャート

2色の配色

R:FF R:99
G:CC G:CC
B:99 B:33

R:99 R:FF
G:66 G:66
B:66 B:66

R:FF R:FF
G:99 G:FF
B:66 B:33

R:99 R:33
G:CC G:99
B:33 B:66

4色の配色

R:FF R:CC
G:FF G:CC
B:99 B:99
R:99 R:66
G:CC G:99
B:33 B:99

R:FF R:FF
G:CC G:FF
B:33 B:99
R:FF R:FF
G:66 G:99
B:66 B:66

文字の配色

Color
R:33 R:99
G:99 G:CC
B:66 B:33

Color
R:FF R:FF
G:66 G:99
B:66 B:00

pure
ピュア

形態　共通性の高いエレメントによる統一感
　　　エレメントの装飾性が低い単純な形態表現
　　　形態と意味内容との関連性が強い表現

色彩　明度差の小さい配色
　　　共通性の高い配色による統一感
　　　色彩と意味内容との関連性が強い表現

配置　対称なレイアウト
　　　グリッド拘束率の低いレイアウト

ビジュアルイメージ

カラーチャート

2色の配色

R:00 R:66
G:99 G:CC
B:66 B:66

R:99 R:FF
G:99 G:99
B:FF B:99

R:FF R:CC
G:CC G:FF
B:66 B:33

R:CC R:FF
G:33 G:CC
B:66 B:CC

4色の配色

R:66 R:99
G:99 G:99
B:CC B:FF
R:FF R:CC
G:99 G:66
B:99 B:66

R:66 R:66
G:CC G:CC
B:33 B:66
R:33 R:00
G:66 G:99
B:99 B:66

文字の配色

Color
R:33 R:FF
G:99 G:FF
B:33 B:FF

Color
R:CC R:00
G:FF G:99
B:33 B:99

natural
ナチュラル

形態　自然形態によるエレメント
　　　エレメントの装飾性が低い単純な形態表現
　　　形態と意味内容との関連性が強い表現

色彩　色相差の小さい配色
　　　彩度差の小さい配色
　　　色彩と意味内容との関連性が強い表現

配置　対称なレイアウト
　　　グリッド拘束率の高いレイアウト
　　　ホワイトスペースの多いレイアウト

ビジュアルイメージ

カラーチャート

2色の配色

R:CC R:99
G:99 G:99
B:33 B:66

R:33 R:66
G:33 G:66
B:00 B:00

R:99 R:FF
G:CC G:FF
B:99 B:99

R:FF R:99
G:FF G:CC
B:33 B:33

4色の配色

R:FF R:FF
G:FF G:FF
B:99 B:33
R:FF R:99
G:CC G:CC
B:99 B:33

R:99 R:CC
G:99 G:66
B:00 B:00
R:99 R:99
G:CC G:CC
B:33 B:99

文字の配色

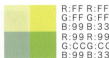

Color
R:66 R:33
G:66 G:33
B:00 B:00

Color
R:FF R:CC
G:FF G:66
B:99 B:00

3節　イメージの決定　151

sporty
スポーティー

形態　エレメントの連続性と対比の効果
　　　モチーフの特徴を強調した形態表現
　　　運動性や移動感が感じられる形態表現

色彩　色相差の大きい配色
　　　明度差の大きい配色
　　　運動性や移動感が感じられる色彩表現

配置　グリッド拘束率の高いレイアウト
　　　ジャンプ率の高いエレメント処理

ビジュアルイメージ

カラーチャート

2色の配色

| R:FF G:FF B:00 | R:00 G:66 B:CC | | R:FF G:FF B:00 | R:00 G:33 B:00 |
| R:00 G:00 B:00 | R:FF G:66 B:33 | | R:00 G:66 B:CC | R:FF G:00 B:33 |

4色の配色

| R:FF G:FF B:FF | R:FF G:00 B:33 | | R:00 G:66 B:CC | R:FF G:00 B:00 |
| R:00 G:66 B:99 | R:00 G:99 B:99 | | R:99 G:33 B:FF | R:FF G:FF B:99 |

文字の配色

Color R:FF G:FF B:00 / R:00 G:66 B:CC
Color R:00 G:00 B:99 / R:FF G:FF B:00

---

energisch
エネルギッシュ

形態　エレメントの連続性と対比の効果
　　　運動性や移動感が感じられる形態表現
　　　形態に独自性が高く個性的な印象

色彩　色相差の大きい色
　　　運動性や移動感が感じられる個性的な印象
　　　配色に独自性が高く個性的な印象

配置　グリッド拘束率の低いレイアウト
　　　ジャンプ率の高いエレメント処理
　　　ホワイトスペースの少ないレイアウト

ビジュアルイメージ

カラーチャート

2色の配色

| R:CC G:33 B:00 | R:FF G:FF B:00 | | R:00 G:99 B:00 | R:FF G:00 B:66 |
| R:00 G:00 B:99 | R:CC G:00 B:00 | | R:FF G:00 B:00 | R:33 G:66 B:CC |

4色の配色

| R:FF G:FF B:00 | R:00 G:33 B:CC | | R:00 G:99 B:FF | R:FF G:66 B:FF |
| R:00 G:99 B:66 | R:FF G:00 B:00 | | R:FF G:00 B:00 | R:00 G:00 B:00 |

文字の配色

Color R:FF G:00 B:00 / R:00 G:00 B:00
Color R:FF G:FF B:00 / R:CC G:00 B:99

---

dynamic
ダイナミック

形態　抽象形態によるエレメント
　　　多様な形態の複合使用とその調和
　　　運動性や移動感が感じられる形態表現

色彩　色相差の大きい配色
　　　多様な色彩の複合使用とその調和
　　　運動性や移動感が感じられる色彩表現

配置　非対称なレイアウト
　　　ジャンプ率の高いエレメント処理

ビジュアルイメージ

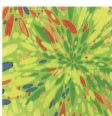

カラーチャート

2色の配色

| R:00 G:00 B:99 | R:FF G:FF B:00 | | R:66 G:99 B:00 | R:FF G:33 B:66 |
| R:FF G:00 B:00 | R:00 G:00 B:00 | | R:FF G:00 B:66 | R:00 G:00 B:99 |

4色の配色

| R:66 G:99 B:00 | R:00 G:00 B:99 | | R:00 G:00 B:99 | R:FF G:00 B:33 |
| R:FF G:FF B:00 | R:FF G:66 B:00 | | R:FF G:66 B:99 | R:00 G:00 B:00 |

文字の配色

Color R:FF G:66 B:00 / R:00 G:99 B:33
Color R:66 G:99 B:00 / R:FF G:00 B:00

unique
ユニーク

形態　抽象形態によるエレメント
　　　モチーフの特徴を強調した形態表現
　　　形態に独自性が高く個性的な印象

色彩　色相差の大きい配色
　　　多様な色彩の複合使用とその形態
　　　配色に独自性が高く個性的な印象

配置　非対称なレイアウト
　　　ジャンプ率の高いエレメント処理

ビジュアルイメージ

カラーチャート

2色の配色

R:00	R:FF		R:FF	R:00
G:33	G:FF		G:66	G:99
B:CC	B:FF		B:99	B:33
R:33	R:FF		R:FF	R:FF
G:99	G:FF		G:33	G:99
B:33	B:33		B:33	B:00

4色の配色

R:FF	R:CC		R:FF	R:FF
G:99	G:33		G:66	G:33
B:00	B:99		B:99	B:00
R:FF	R:33		R:33	R:FF
G:00	G:99		G:99	G:FF
B:00	B:33		B:33	B:CC

文字の配色

 R:FF R:FF / G:FF G:00 / B:33 B:00　　Color R:33 R:FF / G:99 G:99 / B:33 B:33

charming
チャーミング

形態　柔らかい素材感によるエレメント処理
　　　モチーフを単純化した形態表現
　　　モチーフの特徴を強調した形態表現

色彩　色相差の大きい配色
　　　彩度差の小さい配色
　　　柔らかい素材感を感じさせる色彩表現

配置　対称なレイアウト
　　　グリッド拘束率の低いレイアウト

ビジュアルイメージ

カラーチャート

2色の配色

R:CC	R:FF		R:CC	R:FF
G:FF	G:CC		G:FF	G:FF
B:99	B:CC		B:00	B:CC
R:FF	R:66		R:99	R:FF
G:FF	G:CC		G:CC	G:FF
B:99	B:CC		B:FF	B:33

4色の配色

R:99	R:FF		R:66	R:99
G:CC	G:FF		G:CC	G:CC
B:FF	B:FF		B:CC	B:CC
R:CC	R:FF		R:FF	R:FF
G:FF	G:CC		G:99	G:FF
B:00	B:CC		B:99	B:33

文字の配色

Color R:FF R:FF / G:FF G:99 / B:99 B:66　　Color R:FF R:66 / G:99 G:CC / B:66 B:CC

pop
ポップ

形態　共通性の高いエレメントによる統一感
　　　モチーフを単純化した形態表現
　　　モチーフの特徴を強調した形態表現

色彩　色相差の大きい配色
　　　明度差の大きい配色
　　　共通性の高い配色による統一感

配置　非対称なレイアウト
　　　ジャンプ率の高いエレメント処理

ビジュアルイメージ

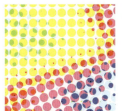

カラーチャート

2色の配色

R:FF	R:FF		R:00	R:FF
G:00	G:FF		G:99	G:FF
B:00	B:FF		B:CC	B:00
R:FF	R:66		R:66	R:CC
G:66	G:CC		G:CC	G:00
B:99	B:99		B:33	B:99

4色の配色

R:FF	R:FF		R:FF	R:00
G:00	G:66		G:FF	G:99
B:00	B:00		B:FF	B:CC
R:66	R:FF		R:FF	R:FF
G:CC	G:FF		G:FF	G:99
B:33	B:FF		B:FF	B:00

文字の配色

Color R:FF R:FF / G:66 G:FF / B:00 B:FF　　Color R:FF R:CC / G:FF G:00 / B:00 B:99

3節　イメージの決定　153

4 Web コンテンツとしての統合

1 統合のための技術

▶ 1 構造とスタイル

表現メディアを使って制作したさまざまな要素（文字，画像，音声や映像）を，先に検討した Web ページのデザインに従って，ページ上に配置し，統合していくことを考える。Web ページを記述するには，HTML（Hyper Text Markup Language）を使う❶。タグと呼ばれるキーワードを使って，ページを構成する要素である見出しや段落，リンク，テーブル，画像などに印をつけ，ファイルに保存する❷。Web ブラウザはそのファイルを読み込み，印を解釈し，それに合ったスタイル（文字の大きさや配置など）で表示する（図1）。

HTML は，Web ページの内容をマークアップ❸するための約束ごと（タグ）の集合であり，ページを構成する基本的な要素ごとに決められている。モニタ上でのページの見え方が物理的表現であるのに対し，ページを構成する要素は論理的表現といえる。HTML はページ上の論理的要素を指定するという方針で策定されている❹。

Web ページ上での要素の配置や色，文字の大きさなど体裁に関係した事柄をまとめてスタイルと呼ぶ。論理要素とスタイルを区別することは，利用者の状況に関係なく誰もが同じ情報を受けとれるアクセシビリティの向上とともに，保守性の向上にもつながる。スタイルを細かく指定する手段として，HTML とは別にCSS（スタイルシート）（Cascading Style Sheets）が定められており❺，これを使うと論理要素と体裁を分離して指定できる。

図2(a) の HTML ファイルをブラウザで表示すると (b) のようになる。ブラウザがデフォルトとしているスタイルに従って表

❶ W3C (World Wide Web Consortium) が，標準的な HTML の仕様を定めている。W3C は Web に関係する者（サイトを作る人，ブラウザを作る人など）がこの勧告 (recommendation) を採用するように推奨している。1999 年に勧告され，長く使われてきた HTML の規定 (HTML 4.01) に続く次の規定が HTML5 である。

❷ HTML タグで記述されたページ内容を保存したファイルを HTML ファイルと呼ぶ。

❸ マークアップ (markup) とは，もともと文書を印刷する際，印刷工やタイピストに文字の装飾やフォント，レイアウトを指示するためのものであった。それが広い意味で，ディジタル化された文書に付けられる特殊な記号を指すものとして使われている。

❹ HTML で記述された Web ページのことを HTML 文書 (documents) ともいう。それは HTML が文書の構造を記述するマークとして生まれたからである。

❺ スタイルの指定を保存したファイルを CSS ファイルと呼ぶ。

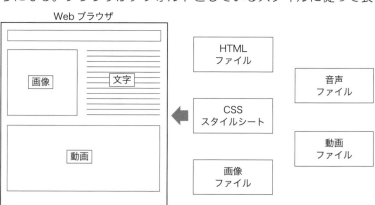

●図1 Web コンテンツとして統合

示されている❶。(a) の HTML ファイルに (c) の CSS ファイルを適用すると (d) のような体裁となる。

▶ 2　HTML タグと HTML ファイル

　HTML タグは，印を付ける要素の始めの部分に，要素名を "<" と ">" で囲んだ開始タグを置き，終わりの部分に要素名を "</" と ">" で囲んだ終了タグを置く。開始タグの中に，タグの働きを細かく指示するための属性を指定する。属性の種類と意味はタグによって異なり，属性がないものもある❷。

　　<要素名> 内容 </要素名>

　　<要素名 属性名=" 属性の値 "> 内容 </要素名>

　HTML タグの要素には，ブロックレベル要素とインライン要素とがある。ブロックレベル要素は改行を伴うまとまりで，前後で改行され，段落，見出しや箇条書きがこれにあたる。一方，画像やリンクは行の一部であり，改行を伴わないインライン要素である。

❶
「ここが大見出しだ」と印（タグ）をつけると，それを含む HTML ファイルを受けとったブラウザは「大見出しはこの大きさで太字にする」とあらかじめ決めてある標準スタイルで表示する。タグに対する対応はブラウザによって異なるので，同じ印をつけても見え方が異なることがある。

❷
タグとその属性の詳細は付録のHTML タグリファレンスに示した。開始タグ<要素名>と終了タグ</要素名>のペアの指定の範囲内に，別のタグのペアが入れ子になることもある。

(a) HTML ファイル　　　　　　　　(b) スタイル指定なしの表示

(c) CSS ファイル　　　　　　　　　(d) スタイル指定をした表示

●図 2　HTML と CSS の関係

HTMLファイルやCSSファイルは，テキストエディタ❶やオーサリングツール❷を使って編集し，画像などの関連するファイルとともにWebサーバにアップロードして公開する❸。HTML，CSSファイルを保存するときの**文字コード**❹に注意しよう。文字コードにはISO-2022-JP，シフトJISコード，UTF-8があり，UTF-8がよく使われる。また，記述内には機種依存文字❺や1バイトカタカナは使わないようにする。日本語を含む文字情報を適切にブラウザが表示できるように，ファイルを保存したときの文字コードを次のように<head>タグの中に指定する。

```
<head>
<meta charset="UTF-8">
</head>
```

▶ 3 スタイル宣言とCSSファイル

スタイルの指定は，スタイル宣言で行う。「スタイル属性：値；」という形で，スタイル属性名とその値❻をコロンでつなぎ，最後にセミコロンを付ける。例えば，色を赤にするスタイル宣言は，「color:#ff0000;」と書く。このスタイル宣言を中括弧内にまとめて記述し，括弧の前に，そのスタイルをどの要素に適用するかを指定する。例えば，h1タグに対して，「文字の色を赤く」「文字の大きさを標準の2倍」にする指定は次のようになる。

```
h1 { color: #ff0000;
     font-size: 2 em;
}
```

これを拡張子がCSSのファイルに保存し（例えばmystyle.css），HTMLファイルの<head>タグの中で次のように指定すると，そのHTMLファイル内に現れる<h1>タグに対して，宣言したスタイルが適用される。

```
<head>
<link rel="stylesheet" href="mystyle.css">
</head>
```

図3のようにWebページ上に表示される要素はボックスと呼ばれる領域をもっていて，その大きさをスタイル宣言で指定することでレイアウトを調整できる。

---

❶ 例えば，TeraPad，秀丸，メモ帳

❷ 代表的ツールはDreamweaver

❸ 公開するファイルの名前には，英数字を表す1バイトコード（半角英数字）を使う。空白は使わず，区切りを入れる場合はハイフン(-)あるいはアンダーバー(_)を使う。HTMLファイルの拡張子はhtmlとする。拡張子はファイル中のデータの種類を示す情報で，ファイルの名前の後ろにピリオドで区切ってつける。

❹ ISO-2022-JP：インターネットで日本語を含むデータをやりとりする際の国際標準文字コード。日本語文字部分はJIS漢字コード（JIS X0208）をそのまま採用。

シフトJISコード：マイクロソフト社が作成したもので，JIS漢字コードを少し移動（シフト）したコード。おもにPCで使われる。

UTF-8：Unicodeの一つ。世界中の主な文字を一括して使えるようにコード化した文字の集合。

❺ 機種依存文字とは，コンピュータ環境が独自に決めた文字のことで，①やⅢ（ローマ数字），罫線など。

❻ スタイル属性とそれに指定する値については，付録のスタイルシートリファレンスに示した。p.170，171を参照。

● 図3 要素がもつボックス領域

2 コンテンツとプラグイン

　Web ブラウザは，文字や画像の表示という誕生当初からもっている機能に加え，音声や動画の再生もブラウザ自身に含まれる機能で行えるよう進化している。一方で，ブラウザが直接再生や実行を行うのではなく，別のソフトウェアに処理を頼むこともある。処理を請け負うソフトウェアが**プラグイン**❶である。

　Web コンテンツは Web サーバからブラウザへ通信規約 HTTP によって渡される。その際，Web コンテンツの種類が，**MIME タイプ**❷（Multi-purpose Internet Mail Extension）と呼ばれるデータとともに送られてくる。テキストデータであれば text/html，JPG データであれば image/jpg というように MIME タイプを見ると，データの種類がわかる。Web ブラウザは，その MIME タイプからコンテンツをどう表示するか判断する。どの種類のデータをブラウザが直接表示し，どれをプラグインが処理するかは，タグやブラウザ側の環境によって決まる。

　数多くのプラグインがあり，動画や音声の再生に使われる。Web ページに動画や音声を置く場合，多くの人が使うブラウザやプラグインがサポートしている形式で動画データを用意する必要がある。普及度の高いプラグインやブラウザにあらかじめ組み込まれている機能で再生できる動画形式を選べば，新たなプラグインをインストールする必要がなく，多くの人がページの一部として自然にその動画を見てくれる。

❶ ブラウザが標準にもっていない機能を追加するためのソフトウェアを広くアドオン（アドイン）とも呼ぶ。ブラウザ自身の機能拡張（表示画面の変更やテキストの翻訳）などをアドオンといい，独立した機能を追加するソフトウェアをプラグインといって区別する場合もある。

❷ MIME は，文字以外のデータを電子メールで送信するための規約である。そこで定義されたデータの種類を表すタイプを，HTTP は Content-Type の値として使う。

●表　拡張子と対応する MIME タイプ

ファイルの拡張子	MIME タイプ	主な表示・再生手段
html	text/html	ブラウザ
gif	image/gif	ブラウザ
pdf	application/pdf	Adobe Reader
swf	application/x-shockwave-flash	Flash Player
rm	application/vnd.rn-realplayer	Real Player
avi	video/avi	Windows Media Player
mov, qt	video/quicktime	Apple QuickTime
mpeg, mpg	video/mpeg	Media Player, QuickTime，Real Player など
mp4	video/mp4, audio/mp4	ブラウザおよび Media Player, QuickTime など
ogv	video/ogg, audio/ogg	ブラウザ
webm	video/webm, audio/webm	ブラウザ

3 表現メディアの埋め込み

画像・音声・動画といった表現メディア要素を Web ページに配置するためのタグについて説明する。

▶ 1 画像

(1) <img> タグ

画像を Web ページ上に表示するには <img> タグを使う❶。width, height 属性を指定する❷と、画像ファイルをロードする前に画像表示域の大きさがわかるので、ブラウザはまず指定された大きさの空白の領域を表示する。画像のロードが終わらなくても、ページのレイアウト全体を早く見ることができる。

```
<img src="hokora.jpg" width="120" height="90"
    alt=" 一丁目の祠 ">
```

src 属性に画像ファイル名を指定する。上の例では、HTMLファイルと同じフォルダにあると想定し、画像ファイル名だけを指定しているが、別のフォルダにある場合にはそこへのパス(フォルダ名)を指定する❸。サイズの大きい画像ファイルをそのまま指定すると、送信するデータ量が大きくなるので、縦横のピクセル数を減らして縮小したり、トリミングして使う。

alt 属性を使い、画像ファイルの代替文字情報を指定する。何らかの理由で画像が表示されない場合や、ページ読み上げソフトウェア、点字ディスプレイを使っている場合に、画像に代わる短い説明として表示される(読み上げられる)。

▶ 2 音声・動画

(1) <video> タグ

ブラウザに備わった機能を使って、動画を再生するためのタグである。動画には多くの形式があり、ブラウザによって対応している動画形式が異なる。そのため、多くの利用者が見られるようにするには、複数の形式で動画ファイルを準備しておき、<video> タグの中に <source> タグで、それら複数の形式の動画を指定する❹。<source> タグの src 属性で動画ファイル名を、type 属性で動画ファイルの形式を指定する❺。

---

❶ タグの属性は付録 HTML タグリファレンス (p.168, 169) を参照。<img> タグの src 属性に指定する画像ファイルは、gif, jpg, png 形式のいずれかである。

❷ この属性で指定した大きさに拡大・縮小して画像が表示される。大きさを指定しないと、オリジナルの大きさで表示される。

❸ 例えば、HTML ファイルのあるフォルダに image という名前のフォルダがあり、その中に画像を入れた場合、次のように指定する。
src = "image/hokora.jpg"

❹ <video> タグの src 属性で動画ファイルを直接指定することもできるが、そのファイル形式を再生できる環境でしか見られない。

❺ type 属性に指定する動画や音声ファイルの形式は、p.157 で説明した MIME タイプを使う。

```
<video controls autoplay loop poster="hokora.jpg"
       width="320" height="240">
    <source src="hokora.mp4" type="video/mp4">
    <source src="hokora.ogv" type="video/ogg">
    <source src="hokora.webm" type="video/webm">
    <p>ブラウザが video タグに対応していません。</p>
</video>
```

controls 属性で再生の停止や開始のためのボタンなどを表示する。autoplay 属性を指定すると動画が自動再生される。poster 属性には動画が表示できない場合や動画が準備できるまでの間に表示させる画像を指定する。<video> タグの中の <p> タグで指定した文は，ブラウザが <video> タグに対応していない場合に表示される❶。

(2) <audio> タグ

ブラウザに備わった機能によって音声を再生するのに使う。<video> タグと同様に <source> タグで複数形式の音声ファイルを指定する。上の <video> タグの例で指定した属性は，<audio> タグにも共通な属性である。

```
<audio controls autoplay loop>
    <source src="hokora.mp3" type="audio/mp3">
    <source src="hokora.wav" type="audio/wav">
    <source src="hokora.ogg" type="audio/ogg">
    <p>ブラウザが audio タグに対応していません。</p>
</audio>
```

(3) <embed> タグ❷

インタラクティブなコンテンツや動画，音声を埋め込むためのタグである。src 属性で指定されたファイルがプラグインに渡され，再生される。動画，音声をプラグインで再生させたい場合や，Flash (swf 形式) ファイルなどプラグインが必要なコンテンツの埋め込みに使用される。どのプラグインを使って再生されるかは，ブラウザの設定によって決まる。例えば，次は Flash アニメーションを埋め込んで再生する <embed> タグである。

---

❶ <video> と <audio> は HTML5 で導入されたタグ。HTML5 に対応していないブラウザへの対応として，このように記述しておく。

❷ <embed> タグは，Web の普及をけん引したブラウザ Netscape Navigator が規定したタグで，その後 Internet Explorer など別のブラウザでも使えるようになった。HTML4.01 では標準タグではなかったが，HTML5 で新たに標準に含まれた。終了タグはない。

```
<embed src="hokora.swf" width="640" height="480"
       type="application/x-shockwave-flash" alt=" 祠の動画 ">
```

width，height 属性で，プラグインプレイヤーの表示サイズを指定する❶。hidden 属性❷を true にすると，プラグインのプレイヤーが Web ページ上に表示されない。音声ファイルの場合，音だけが再生される状態になる。

```
<embed src="dance.mid" hidden="true">
```

(4) <object> タグ

動画に限らず，外部のファイルに保存されたコンテンツ，画像や HTML ファイル，アプレットのようなプログラムを Web ページ上に埋め込むための汎用的なタグである❸。<object> タグの type 属性にコンテンツの MIME タイプを指定する。次は Flash アニメーションを再生する <object> タグの指定である。

```
<object type="application/x-shockwave-flash"
        data="hokora.swf" width="640" height="480">
    <param name="movie" value="hokora.swf">
    <param name="quality" value="high">
    <p> 祠のアニメーション </p>
    <p><img src="hokora.jpg" alt=" 一丁目の祠 "></p>
</object>
```

再生するファイルは，<object> タグの data 属性，あるいは <param> タグを使って指定する❹。<param> タグの name 属性の値を movie とし，value 属性にロードするファイルの名前を指定する。<param> タグを使うとプラグインに対して細かい指定をすることができる。その方法はプラグインによって異なる。<object> タグ内には，動画を再生できなかった場合や音声ブラウザや点字ブラウザ使用時に表示され (読み上げられ) る，代替のための短い説明文を置く。先の例では説明に加えて，<img> タグで静止画像を表示している。

Flash などの動画作成ソフトウェアでは，Web 公開のためにプラグイン用のタグを含んだ HTML ファイルを自動生成してくれる。その中から <object> タグの部分を切り出し，動画を載

---

❶ プラグインには width と height の指定が必須のものがある (例えば Flash Player)。

❷ グローバル属性 (タグに共通な属性) の一つで，要素を非表示にする。

❸ 外部のファイルに保存したコンテンツをページ上で，表示，再生するために，HTML ファイルには <iframe>，画像には <img>，音声には <audio>，動画には <video> と，個別のタグが用意されているが，<object> はどれにも対応する汎用のタグである。

❹ 上の例では，多くのブラウザが対応できるように，両方を指定している。

せるページの HTML ファイルの適切な場所にコピーして使う。

(5) <a> タグ

リンクを指定する <a> タグで，再生したいファイルを直接リンクできる❶。リンクをクリックすると別ページで再生される❷。

```
<a href="hokora.mp4" type="video/mp4"> 映像を再生 </a>
<a href="hokora.swf" type="application/x-shockwave-flash">
    swf アニメーションを再生 </a>
```

(6) 動画投稿サイトへのリンク

動画を自らの Web サーバ上に置かず，動画投稿サイトで公開し，それをページ上に埋め込むこともできる。例えば YouTube へ動画を投稿し，次のように <iframe> タグ❸の src 属性で投稿動画への URL を指定すると，再生プレイヤーが埋め込まれる。

```
<iframe type="text/html" width="640" height="480"
    src="http://www.youtube.com/embed/ 動画 ID"
    frameborder="0" allowfullscreen></iframe>
```

動画の ID は，Youtube に動画を投稿後次のように知ることができる。投稿動画を表示し，動画の下にある [共有] の [埋め込みコード] を順にクリックすると，その下のテキストボックス内に表示される❹。動画を埋め込むのではなく，図 1 のように YouTube のサイトに移動して動画を再生するには，次のように <a> タグでリンクする。動画 ID は，一旦投稿動画を YouTube で表示後，[共有] の [共有] を順にクリックして表示される URL 内に示される。

```
<a href="http://youtu.be/ 動画 ID">Youtube へ移動し再生 </a>
```

❶
PDF 形式のファイルを公開する場合にも，この方法を使う。ブラウザのページ表示域全体を使って，別のページとして Adobe Reader のプラグインが起動する。

❷
ブラウザによって，ブラウザ機能を使用する，プラグインを使用する，外部ソフトを起動するなど動作が異なる。

❸
<iframe> タグはインラインフレーム要素で，HTML 文書の中に別の HTML 文書を入れ子状に配置するのに使う。src 属性でフレーム内に表示する別の HTML 文書のファイル名 (URL) を指定する。

❹
テキストボックス内に表示される HTML タグに埋め込まれている。

●図 1　学生が制作した市政に関する動画を YouTube を使って公開している京都市のコンテンツ

5 動作確認と評価

1 動作確認

デザインに従い，サイト全体の制作ができたら，テストをする。ページの内容が読めるか，リンクなどの機能が働くかを確認する。同じHTMLファイルでも，使用するブラウザ環境によって表示や動作が異なる。すべての環境でテストすることは難しいだろうが，公開をするならば少なくとも一般的なコンピュータ環境，ブラウザでテストを実施するのが望ましい❶。テストにあたっては，次の点を確認する。

(1) HTMLの標準に従って正しくタグ付けされているか

HTML標準の仕様に従ってタグが使われているかを確認する。W3Cはタグ使用の妥当性をチェックするWebサイト（図1）を用意しているので，それを使って確認するとよい❷。音声ブラウザや点字ディスプレイへ配慮してアクセシビリティの高いWebページを作る注意点は，HTML標準に従うことと重なる部分が多い。妥当性チェックに合格することは，アクセシビリティの向上にもつながる。

(2) 表示の乱れはないか

ブラウザによって見え方が異なってもよいが，表示が乱れて，内容が見にくくなっていないか，また情報が同じように伝わるかどうかを点検する。

(3) 画像・音声・映像などのファイルはロードできるか

画像・音声・映像ファイルはすべて表示あるいは再生できるかテストする。画像の表示をしない設定❸でページを見た場合，画像の代替文字が表示されるかについても確認する。

(4) リンク先に到達できるか

Webサイト内部のリンク先，および，外部のリンク先が正しく表示されるか。リンク先が意図したサイトかを確認する。

(5) ページのロード時間は長すぎないか

Webサイトのデータ量が大きく，ロードに時間がかかるとユーザビリティを低下させる。画像や動画のロード時間が長いようなら，画像サイズ，ページの長さなどを再検討する。動画や音声ファイルなど，データ量の大きいコンテンツは，利用者が望む場合だけロードするようになっている方が望ましい。

---

❶ 例えば，OS（Windows，Mac OS），ブラウザ（IE，FireFox，Opera，Google Chrome，Safariなど），バージョン（最新バージョン，一世代前）を変えてテスト。さらに必要に応じてタブレット端末でも確認。

❷ Markup Validation Service
　　http://validator.w3.org/
CSS Validation Service
　　http://jigsaw.w3.org/css-validator/

● 図1　Markup Validation Service

❸ IEブラウザの場合，[ツール]→[インターネットオプション]→[詳細設定]タブの[マルチメディア]で，[画像を表示する]のチェックをはずすと画像を表示しない。

2　Webサイトの評価

▶1　ユーザビリティの評価

　Webページは，モニタ上に表示され，利用者との間でインタラクション（相互作用）をとりながら，読まれ，見られ，使われるメディアコンテンツである。利用者はWebブラウザを操作しながら，主体的にWebサイトとかかわっていくことになる。その際，操作のしやすさ，情報の得やすさ，使いやすさが，サイトの価値を大きく左右する。

　有効さ，効率，満足度というユーザビリティの三つの要素を高めるためのガイドライン❶を，チェックリストの形でまとめたのが次ページである。次の四つの観点から，制作したWebサイトを評価し，結果に応じて，改善が必要な部分は修正する。

- 明瞭性…情報はうまく整理され，読みやすい
- 一貫性…基本デザインがサイトを通して一貫している
- 操作性…求める情報へ適切な手段で移動でき，閲覧できる
- 利用者の期待と内容との合致性…サイトの内容と動きが，利用者の期待や習慣と合致し，予測可能である

❶ユーザビリティについてはp.138を参照。

▶2　総合的自己評価

　制作の終了後，公開前に，制作したWebページが企画した内容を十分伝えるものになっているか，総合的に自己評価することは重要である。実社会における公式Webサイトの制作では，最終的な確認・了承を得るという作業に相当する。個人のWebサイトではそのようなプロセスはないので，次の点について，自分で意識的に評価してみよう。

- サイトの目的，伝えたいテーマは明記されているか
- 伝えたいことを伝えるに足る内容（量・質）になっているか
- 内容・用語の難易度は対象利用者にとって適切か
- 表記の誤り，文法的誤りはないか
- サイトの視覚的イメージは対象者やテーマに合致しているか
- 他人の著作権，プライバシーを侵害するような内容はないか
- 画像や動画はサイトの目的にとってプラスに働いているか
- 対話的要素はサイトの目的にとってプラスに働いているか

　評価過程で問題のあった部分は，必要であれば設計プロセスまで戻り，修正する。

ユーザビリティチェックリスト

	チェック項目	はい	改善策	対象要素なし
明瞭性	情報は論理的に整理されているか（項目の分類やその提示順序など）			
	ページはわかりやすいタイトル，見出しで明瞭に識別されているか			
	重要な情報は配置場所や強調を工夫し，わかりやすく表示されているか			
	異なるタイプの情報は，互いに明確に区別されているか（タイトル，ページ概要，リスト，動画など）			
	リンク，メニューなど選択肢が示されたとき，各選択肢の意味は明瞭か			
	段落分け，改行などに配慮して文字情報が見やすく配置されているか			
	文字の大きさは読みやすいか（ブラウザの機能で変更できるか）			
	表示を明瞭にする色の使い方がされているか			
	色だけで情報を伝えようとしていないか			
	白黒で印刷されたとしても，表示内容は読みやすいか			
	画像，動画が表示されなくても，目的とする情報が伝わるか			
	画像や動画の内容に関する情報が文字で提供されているか			
一貫性	文字のスタイル，色の使い方はサイト全体を通して一貫しているか			
	文体，用語，省略語，単位など，サイト全体を通して一貫しているか			
	アイコン，画像などの扱いは，サイト全体を通して一貫しているか			
	指示，メニュー，ナビゲーション，見出しなどの同一種類の情報は，統一された形式で提示されているか			
	ナビゲーションの操作は，サイトを通じて一貫性を保っているか			
操作性	ブラウザによって伝わる情報に差が出ないように工夫されているか			
	ウィンドウサイズを変更しても，また小さい画面サイズでも見やすさが低下しないか			
	内容的に関連のある前のページに容易に移れるか			
	どのページからでも，簡単にトップページに戻れるか			
	必要とされる内容を簡単に見つける仕組みが提供されているか			
	動き続ける要素はないか，あるいは止められるか			
	画像，動画を含めたデータ量に配慮がされているか			
利用者の期待と内容の合致性	トップページからサイト内容の概要がわかるか			
	用語，省略語，単位など，対象利用者が理解できるか			
	アイコン，画像の意味を，対象利用者が理解できるか			
	利用者がどのページにいるかが，どの状況においても簡単にわかるか			
	色の使い方は，対象利用者の習慣的連想に準じているか（たとえば，赤は警告・禁止，黄色は危険・注意）			
	リンク先で何が表示されるかが明瞭で，期待と一致するか			

章末演習問題

1 p.155の図2で使っているHTMLタグとスタイル宣言の意味を確認しよう。

(1) 図2(b)でブラウザに表示されている要素と，図2(a)のHTMLファイルで使われているタグとの対応を，付録のHTMLタグリファレンスを見ながら確かめ，タグの意味を理解しよう。

(2) 図2(d)でブラウザに表示されている要素の体裁は，図2(c)のCSSファイルによるものである。CSSファイルに指定されているスタイル属性の働きとその値の意味を，付録のスタイルシートリファレンスを見ながら確認しよう。

2 与えられたテーマ，あるいは自主的に決定したテーマを基に，Webサイトを制作しよう。

(1) p.167の企画ワークシートを使って，Webサイトを企画しよう。

(2) 現地調査，インタビュー，アンケートなどを行い，企画したWebサイトの制作に必要な情報を収集しよう。

(3) p.133の図1を参考に，ページ間の関係がわかるように企画したWebサイト内の情報構造図を描いてみよう。

(4) 次に，情報構造図上のページ間のナビゲーションの方法を設計しよう。ブラウザの「戻る」ボタンを使わずに，ページ間をどのように移動できるようにするか，(3)で書いた構造図上でシミュレーションしてみよう。

(5) p.143のイメージプロットを使って，制作するWebサイトのイメージを決めよう。続いてp.145のスタンダードデザインテーブルで示される視覚的デザインの方向性を参考に，トップページとそれ以外の一般ページの基本レイアウトのデザインを描いてみよう。

(6) サイト上に置く個々の要素を制作し，それらをWebページとして統合しよう。

(7) 作成したWebサイトの動作確認をしよう。

(8) 作成したWebサイトをp.164のユーザビリティチェックリストを使ってチェックしよう。

(9) 作成したWebサイトをp.163に示した観点から自己評価しよう。

付録　演習成果の評価指標（ルーブリック）

演習課題において制作する成果に期待される標準を示したものをルーブリック（Rubric）と呼ぶ。制作演習に関係する項目ごとに，優劣の質のレベルを表現したリストである。数学の計算問題のように，はっきりした正誤がないタイプの演習で使われる。下の表は，表現メディアを使っての制作活動，つまり本書の演習課題において，何を目指すのかの指標を示している。これは同時に評価の指標になる。これを見ると，演習課題をするにあたって，どのような努力が求められているかを知ることができる。そして，演習の制作を進める中で，成果の質を高めていく目標（ガイド）になる。

ルーブリックは他の人が演習成果の質を評価するだけでなく，制作者自身が自分の制作物を振り返るのに有効なツールだ。演習成果を下のルーブリックを使って評価してみよう。

ルーブリックは次の三つの項目からなり，5段階のレベルに分かれている。

・目的に沿って十分に探求がなされたか
・独創的なアイデアを実現したか
・ていねいに完成させたか

次の事柄について，あなたの演習の制作過程，成果を振り返って，自分をどう評価するか？　相当する欄（セル）に○で印をつけ，自己評価してみよう。

	すばらしい	よい	平均的	まあまあ	まだまだ不足
目的に沿った探究 課題に示されたテーマを理解し，共感が得られるよう探求した。	徹底した情報収集や観察などを行い，複数の視点からの十分な探求をした。	情報収集や観察などを十分に行い，複数の視点からの探求をした。	求められた範囲で情報収集や観察などを行い，複数の視点からの探求をした。	求められた範囲で情報収集や観察などを行い，それを基にひとつの視点からの考察をした。	最小限の情報収集や観察を行い，ひとつの視点からのアイデアを検討した。
表現・意味の独創性 課題が対象としているテーマに対して，自分の考え，アイデアを示せた。	今までにない新しいユニークな自分の視点，アイデアを示した。	自分の視点とアイデアで制作した。	既存のアイデアを参考にしながらも，自分のアイデアを強く示した。	普通にあるアイデアや表現を元に，自分の視点を一部加えて，再生産した。	普通にあるアイデアや表現を真似た。
表現への関心 前向きな姿勢で取り組み，注意を払って，ていねいに仕上げた。	高い完成度を目指して，ていねいに仕上げた。	よくなるように注意を払い，ていねいに仕上げた。	自分の考えを示せる程度にていねいに取り組んだ。	一部分，急いで終わらせたところがある。	最小限の時間と力で，急いで終わらせた。

付録　企画ワークシート

テーマと目的	テーマ (主題)	
	タイトル	
	制作公開の目的　　解説　　広告　　教育　　事実伝達 　　　　　　　　　その他	
	情報発信の対象者　　生徒・学生　　友人・知人　　特定のグループ (そのグループとは　　　　) 　　　　　　　　　その他	
	期待する効果	
構成と表現手法	Webサイトを構成する項目	おもな表現メディア
	イメージプロットでのポジショニング	
情報の出所と姿勢	オリジナル情報の有無　　　　有　　無	
	オリジナル情報の入手方法　　研究成果　　自作作品　　インタビュー　　アンケート　　実体験 　　　　　　　　　　　　　その他	
	制作者の所属・専門分野・経験・立場などの記載　　記載する (何を　　　　　　　　)　　記載しない	
	公開前の許可・報告の必要性　　　　　　　　　　必要 (誰に　　　　　　　　　　)　　不要	
	他人の著作物の使用　　　　　　　無 　　　　　　　　　　　　　　　　有 (対処方法　　　　　　　　　　　　　　　　　　)	
	プライバシーに関する事項の記載　　無　　有 (その理由　　　　　　　　　　　　　　)	
	法律・公序良俗に反する内容の確認　　無　　有	
制作予定と担当者	完成予定時期	
	公開予定時期	
	制作者名 (責任者の前に◎)	
	公開までに必要なのべ時間見積もり	
	制作場所と制作環境	
	公開環境 (Webサーバ)	
	公開後の保守体制と担当者	

付録　HTML タグリファレンス

要素名，属性名はアルファベットで表す。大文字，小文字は区別しない。属性の値はダブルクォーテーションで囲むが，値が 1 バイトの英数字，ハイフン，ピリオドだけからなる時は省略できる。クォーテーションで囲むこともできる。属性の値に引用符を含む場合には，クォーテーションを使う。

種類	タグ	説明	属性

基本タグ	`<html></html>`
	`<head></head>`
	`<meta>`
	`<title></title>`
	`<body></body>`
		Web ページの内容全体を囲む
		この文書自身の情報を囲む
		ページ自身の付加的情報を指定する
		Web ページのタイトルを表す
		文書の全体を表す	

	` `	改行を指示するタグ。終了タグはない	

	`<h1></h1>`
	…
	`<h6></h6>`
		6 段階の見出し。h1 が一番強調される	・align = left ｜ center ｜ right*
			　左詰め，中央，右詰めの水平位置を指定

	`<hr>`	改行した上で，横罫線を 1 本引く。終了タグはない	・noshade*　影のない線 ・size = ピクセル数　線の太さ ・width = ピクセル数 ｜ パーセント　線の長さ * ・align = left ｜ center ｜ right　水平位置の指定 *
	`<!...>`	コメント	
	`<p></p>`	段落（パラグラフ）	・align = left ｜ center ｜ right* 　左詰め，中央，右詰めの水平位置を指定
	`<blockquote></blockquote>`	引用。左に空白（インデント）をとって表示	

	`<pre></pre>`
	`<em></em>`
	`<strong></strong>`
	`<code></code>`
	`<cite></cite>`
		整形済みテキスト。空白や空行を含めてそのまま表示される
		強調。
		`<em>` より強い強調。重要性を表す
		プログラムコードの一部
		引用句	

	`<address></address>`	著者の署名	

リスト（箇条書き）	`<ul>`
	`<li>` 項目 `</li>`
	`</ul>`
		順序のないリスト（Unordered List）。リスト全体を `<ul>` と `</ul>` で囲み，リスト内の各項目は `<li>` と `</li>` で囲む。リストの前後に空白間隔が入り，各項目が字下げされる	`<ul>` の属性
			・type = disc ｜ circle ｜ square*
			　項目につく記号（塗った丸，円，四角）。

	`<ol>`
	`<li>` 項目 `</li>`
	`</ol>`
		順序のあるリスト（Ordered List）。リスト項目全体を `<ol>` と `</ol>` で，リスト内項目を `<li>` と `</li>` で囲む。項目の順に応じた数字あるいは英字がつく	`<ol>` の属性
			・type = 1 ｜ a ｜ A ｜ i ｜ I *
			　項目につく番号あるいは文字。1 はアラビア数字，a,A は英小大文字，i, I はローマ数字。
			・start = 数字 *
			　リスト先頭番号（文字の場合は a からの位置）

	`<dl>`
	`<dt>` 定義 `</dt>`
	`<dd>` 説明 `</dd>`
	`</dl>`
		言葉とその説明を並べるリスト（Definition List）。言葉は `<dt>` と `</dt>` で囲み，説明は `<dd>` と `</dd>` で囲み，リスト全体は `<dl>` と `</dl>` で囲む	

画像	`<img>`	画像データを表示する align 属性の値を left とすると画像に続く要素が画像の右側に回り込む（rigth の場合は画像が右にくる）。回り込みを解除するには，`<br clear = "all">` のように clear 属性を指定した ` ` タグを使う	・src = ”ファイル名あるいはパス名” 　画像ファイルの場所と名前 ・alt = ”文章”　画像の説明（代替文字列） ・width = ピクセル数 ｜ パーセント 　画像の幅 ・height = ピクセル数 ｜ パーセント 　画像の高さ ・align = bottom ｜ middle ｜ top* 　画像の行内での垂直位置 ・align = left ｜ right* 　画像と次の要素との位置関係 ・hspace = ピクセル数 *　左右の空白 ・vspace = ピクセル数 *　上下の空白

種類	タグ	説明	属性
リンク	`<a></a>`	リンク元になる文字列あるいは画像を `<a>....</a>` で囲む	・src = "ファイル名あるいはパス名" 　リンク先
表（テーブル）	`<table></table>`	表全体を囲む	・border = ピクセル数 　外枠線の太さ，border = 0 で罫線はつかない ・width = ピクセル数｜パーセント 　テーブル全体の幅 ・summary = 文字列 　テーブルの目的や構造の説明
	`<tr></tr>`	行を囲む。`<table>` タグの中に指定	・align = left｜center｜right 　セル内の要素の水平方向の表示位置 ・valign = top｜middle｜bottom 　セル内の要素の垂直方向の表示位置
	`<th></th>` `<td></td>`	`<table>` タグの中に指定。 `<th>` はヘッダセルを，`<td>` はデータセルを表す `<tr>` と `</tr>` で囲まれた中に，その行中のセルを指定する	・align = left｜center｜right 　セル内の要素の水平方向の表示位置 ・valign = top｜middle｜bottom 　セル内の要素の垂直方向の表示位置 ・rowspan = 数字 　そのセルが占める行の数。デフォルトは 1 ・colspan = 数字 　そのセルが占める列の数。デフォルトは 1
	`<caption></caption>`	表のタイトル。`<table>` タグの中に指定	・align = top｜bottom*　タイトルを置く位置
音声	`<audio>`	音声ファイルの埋め込み	・src = "ファイル名あるいはパス名" 　音声ファイルの場所と名前 ・preload = auto｜metadata｜none 　音声ファイルの読み込みの制御 ・autoplay 　音声ファイルを自動再生 ・loop　ループ再生の指定 ・muted　ミュート（消音）を行うように指定 ・controls　インタフェース（ボタン）を表示
	`<source>`	音声ファイルの形式	・src = "ファイル名あるいはパス名" 　音声ファイルの場所と名前 ・type = audio/mp3｜audio/ogg｜audio/wav 　音声ファイルの MIME タイプを指定 ・media = all｜screen｜tv　他 　音声のメディアタイプを指定
動画	`<video>`	映像の埋め込み	・src = "ファイル名あるいはパス名" 　映像ファイルの場所と名前 ・poster = "ファイル名あるいはパス名" 　利用できる動画が無い場合，表示される画像を指定 ・preload = auto｜metadata｜none 　映像をあらかじめ読み込む ・autoplay　映像を自動再生 ・loop　ループ再生の指定 ・controls　インタフェース（再生ボタンなど）を表示 ・widtgh = ピクセル数｜パーセント，映像の幅 ・height = ピクセル数｜パーセント，映像の高さ
	`<source>`	動画ファイルの形式	・src = "ファイル名あるいはパス名" 　動画ファイルの場所と名前 ・type = video/mp4｜video/ogg｜video/webm 　動画ファイルの MIME タイプを指定 ・codecs　動画のコーデック ・media = all｜screen｜tv　他 　動画のメディアタイプを指定

・属性内の「値｜値」の｜（縦線）は，いずれかを指定するという意味。
＊印のついた属性は HTML4.01 では非推奨 (Deprecated) とされ，HTML5 では削除された属性。これらの属性の代わりに対応するスタイルシート属性で指定するのが望ましい。

付録　スタイルシートリファレンス

ページのレイアウト，文字の大きさ，色，字体などページの見え方に関係したことがらをまとめてスタイルと呼び，スタイルを記述するのに，カスケーディングスタイルシート (CSS:Cascading StyleSheets) という記法を使う。ブラウザによって，スタイルシートへの対応状況が異なるため，見る人の環境によっては，見え方が制作者の意図と異なる可能性がある。

(1) スタイル宣言

スタイルの指定は，スタイル宣言で行う。スタイル宣言は，属性と値の組で記述する。

属性：値；

属性は次の表に示した。文字の色を紺色 (navy) にするためのスタイル宣言は，次のように書く。color は文字の色を指定する属性で，値はコロン (：) 続いて色を指定し (この例では #000080)，値の後ろにセミコロン (；) を書く。

color: #000080;

(2) セレクタ (スタイル宣言の適用場所)

スタイル宣言を適用する対象をセレクタといい，次のように指定する。

セレクタ { 属性：値；}

例えば，h1 要素の文字を紺色にしたい場合は

h1 { color: #000080; }

となる。中括弧の中には複数のスタイル宣言を記述できる。セレクタはいくつでも指定でき，複数の場合はカンマで区切って並べる。

h2, em { color: #000080; font-size: medium;}

(3) スタイルシートファイル

セレクタとスタイル宣言からなるスタイルの指定をファイルに保存する (ファイルの拡張子は .css)。

スタイルシートファイルを <link> タグを使って HTML ファイルと関連づける。<link> タグは <head> タグの中に書く。外部スタイルシートファイルの名前が mystyle.css で，HTML ファイルと同じフォルダにあるとすると，<link> タグの指定は次のようになる。

```
<head>
<link rel="stylesheet" type="text/css"
href="mystyle.css">
</head>
```

意味	属性名	値	適用対象
文字の大きさ	font-size	数値 [1]，パーセンテージ [2] 絶対サイズ，相対サイズ [3]	すべて
文字の太さ	font-weight	normal,bold,bolder,lighterbold	すべて
文字の字体	font-style	normal,italic (イタリック体) ,oblique (斜体)	すべて
文字フォント名	font-family	カンマで区切って複数の名前を指定でき，先頭から順に適用される 特定のフォント名 [4]，汎用フォント名 [5]	すべて
行の高さ	line-height	数値 [1]，パーセンテージ [2]	すべて
文字の色　背景色	color background-color	色の指定 [6]	すべて
背景画像	background-image	url (画像ファイル名あるいはアドレス)	すべて
背景画像の貼り方	background-repeat	repeat (格子状)，no-repeat (一つのみ) repeat-x (上一行)，repeat-y (左一列) 何も指定しないと格子状に敷きつめる	すべて
水平位置	text-align	left (左詰め)，right (右詰め) center (中央揃え)，justify (均等割り付け)	ブロック要素
字下げ	text-indent	数値 [1]，パーセンテージ [2]	ブロック要素

意味	属性名	値	適用対象
文字装飾	text-decoration	none (なし), underline (下線), overline (上線), line-through (打ち消し線), blink (点滅)	すべて
幅 高さ	width height	数値[*1], 親要素の幅に対するパーセンテージ 数値[*1]	すべて
上部余白 下部余白 左部余白 右部余白 余白一括指定	margin-top margin-bottom margin-left margin-right margin[*7]	数値[*1], パーセンテージ[*2] 0 は余白なし (指定しないと 0 とみなす)	すべて
上部パディング 下部パディング 左部パディング 右部パディング ディング一括指定	padding-top padding-bottom padding-left padding-right padding[*7]	数値[*1], パーセンテージ[*2] 0 は余白なし (指定しないと 0 とみなす)	すべて
境界線の種類	border-style[*7]	線種の指定[*8]	すべて
境界線の色	border-color[*7]	色の指定[*6]	すべて
上部境界線 下部境界線 左側境界線 右側境界線 全境界線一括指定[*9]	border-top border-bottom border-left border-right border	太さ 線種 色 太さ 線種 色 太さ 線種 色 太さ 線種 色 太さ 線種 色	すべて
上部境界線の太さ 下部境界線の太さ 左部境界線の太さ 右部境界線の太さ 境界線の太さ一括指定	border-top-width border-bottom-width border-left-width border-right-width border-width[*7]	数値[*1]	すべて
垂直位置	vertical-align	baseline (基準線), middle (行の中ほど), text-top (続く文字の上端配置), text-bottom (続く文字の下端配置), sub (下付文字位置), super (上付文字位置), top (行の上端), bottom (行の下端)	インライン要素
回り込み	float	left (左端), right (右端), none (指定なし)	すべて
回り込み解除	clear	left (左端), right (右端), none (指定なし)	すべて

[*1]: cm, mm, in, pt, em, px などの単位をつけた数値
 pt: ポイント (1pt = 1/72 インチ (in) = 2.54cm, 例: 12pt)
 em: 親要素 (自分を含んでいる要素) の文字サイズを 1em とした値 (例: 1.2em)
 px: モニタ上の点であるピクセルを単位とした値 (例: 12px)

[*2]: パーセンテージ: 親要素の文字サイズを 100%とした値 (例: 120%)

[*3]: 絶対サイズ: xx-small, x-small, small, medium, large, x-large, xx-large ブラウザごとに実際のサイズを決めている。
 相対サイズ: larger, smaller 親要素の文字サイズからの相対的な大きさ。ブラウザにより異なる。

[*4]: Windows の場合: 例えば " メイリオ ", "MS P ゴシック ", "MS P 明朝 "
 Mac OS X の場合: 例えば " ヒラギノ明朝 ", " ヒラギノ角ゴ ProW3 ", " 平成角ゴシック "

[*5]: 汎用フォント名: CSS で定義されているフォント名 ("serif", "sans-serif", "cursive", "fantasy", "monospace" のいずれか, 英文のみ)。具体的にどのフォントを使うかは, ブラウザが決める。

[*6]: #RRGGBB: RR, GG, BB は 16 進数 2 桁で赤, 緑, 青の色の要素を表す (例えば, 紺色は #000080)。
 rgb (R, G, B): R, G, B は 0-255 の整数で赤, 緑, 青の色の要素を表す (例えば, 紺色は rgb (0,0,128))。

[*7]: 一つから四つの数値を指定できる。
 値一つ 上下左右にその値を適用 (例: margin:2em;)
 値二つ 1 番目の数値は上下に, 2 番目の数値は左右に適用 (例: margin:2em 1em;)
 値三つ 1 番目の数値は上に, 2 番目の数値は左右に, 3 番目の数値は下に適用 (例: margin:2em 1em 3em;)
 値四つ 順に上, 右, 下, 左に適用 (例: margin:2em 1em 3em 1em;)

[*8]: none (なし), dotted (点線), dashed (ダッシュ線), solid (実線), double (二重線), groove (溝), ridge (背), inset (内容が下がるように見える線), outset (内容が盛り上がるように見える線)

[*9]: 太さ 線種 色の指定順序は任意で, 三つの値すべてを指定しなくてもよい。指定しないと規定値が使われる。

付録　著作権・肖像権等について

■著作権の保護

著作権は，著作物を創作した人に与えられる権利である。著作権法で保護される著作物は，次のすべてを満たす必要がある。

(1)「思想又は感情」を表現したもの　→　単なるデータは著作物でない
(2) 思想又は感情を「表現したもの」　→　アイデアは著作物でない
(3) 思想又は感情を「創作的」に表現したもの　→　単なる模倣は著作物でない
(4)「文芸，学術，美術又は音楽の範囲」に属するもの　→　工業製品は著作物でない

具体的には，小説，音楽，美術，映画，コンピュータのプログラムが，著作物の例である。新聞，雑誌，百科事典など，素材の選択や配列（選別して並べる）によって創作性をもつものは，編集著作物として保護される。

著作物を創作した時点で，次のような権利が発生する。

- 著作者人格権（譲渡できない）
  …公表権，氏名表示権，同一性保持権（改変されない権利）
- 著作権（財産権，譲渡できる）
  …著作物の利用を許諾したり禁止する権利
- 著作隣接権（譲渡できる）
  …実演等の利用を許諾したり禁止する権利

著作権，著作者人格権，著作隣接権は，権利を得るための手続は，一切必要ない。この点，登録することによって権利の発生する特許権や実用新案権などの産業財産権と異なる。

永続的に著作権を認めるのは，社会・文化の発展の点から望ましくないという考えから，著作権の保護期間は，原則として著作者の生存年間及びその死後50年間である（ただし，団体名義の著作物は公表後50年，映画は公表後70年）。

著作権は権利取得のために登録は必要ないが，著作権に関係する法律的事実関係を明確にするために，著作権の登録制度がある。

■肖像権

他人から無断で写真を撮られたり，承諾なしに写真を公表されたり利用されたりすることがないように主張できる権利が「肖像権」である。

「肖像権」には二つの側面がある。一つは，自分の名前や顔を勝手に公表されないというプライバシー権で，これは誰もがもつ権利である。もう一つは，財産権で，アーティストやタレントなど有名人の場合，その肖像が経済的な価値をもつ。この権利のことをパブリシティ権という。

しかし，肖像権と呼ばれるものは，法律で明確に規定されているわけではない。プライバシー権は人格権として，パブリシティ権は財産権として扱われる。

■意匠権・商標権等

著作権と産業財産権（意匠権，商標権，実用新案権，特許権）を併せて，知的財産権と呼ぶ。人間の知的な創作活動などから生産されたものに対する権利の総称として使われている。マルチメディアコンテンツを制作する際には，意匠権・商標権などこれらの権利も無視してはいけない。

■著作権・肖像権違反の実例

違反にならない例

- 家で自分が見るために，テレビの内蔵ハードディスクに録画した番組をDVDに一度コピーした
- 調査のために，図書館で本の一部をコピーした
- 自作のWebページに，他人のWebページの文章の一部（300文字程度）を引用であることを示して載せた
- 駅前に常設されている彫刻を含む駅前の写真を撮って自作のWebページに載せた
- わらべ歌を自分で演奏して録音し，自作のアニメーションで使った

違反になる例

- 他人のWebページにあった写真を，ダウンロードして自作のWebページに載せた（使用許可が明確でない場合）
- 自作のWebページに，自分で撮影したプロサッカー選手の写真を載せた
- 自作のアニメーションに，著名なキャラクターを自分で模倣して登場させた
- 10年前に流行した歌を自分で演奏して録音し，自作のアニメーションで使った
- わらべ歌のCDの中の曲を，自作のアニメーションで使った

付録　ソフトウェア一覧

■グラフィックス
・GIMP (http://www.gimp.org/)
　Photoshop の代替，無料。

・ペイントツール SAI (http://www.systemax.jp/ja/sai/)
　イラストレーションの描画に特化，有料。

・INKSCAPE (http://inkscape.org/)
　Illustrator の代替，無料。

■ビデオ編集
・EDIUS Express (http://www.grassvalley.jp/products/edius_express.php)
　国産映像編集ソフトウェア，有料。

■動画再生
・VLC Media Player (http://www.videolan.org/vlc/)
　さまざまな形式の動画再生に対応，無料。

■コマ撮りソフト
・Monkey Jam (http://monkeyjam.org)
　アニメーション撮影に特化，無料。

■シーケンスソフト
・Music Studio Producer　(http://www.frieve.com/musicstd/index.html)
　サウンド編集まで行える高機能ソフトウェア，無料。

■3DCG
・Metasequoia (http://metaseq.net/jp/)
　モデリングに特化，有料。

■テキストエディタ
・秀丸エディタ (http://hide.maruo.co.jp/software/hidemaru.html)
　高機能なテキストエディタ，有料。

さくいん

数字・記号

1/3 の法則 ………………………………… 31
24 ビットフルカラー ……………………… 37
2 階調 ……………………………………… 37
3D グラフィックス ………………………… 88
√矩形 ……………………………………… 28

C

CC ライセンス …………………………… 131
CSS (スタイルシート) …………………… 154

G

GIF ………………………………………… 43, 67

H

HTML ……………………………………… 154

J

JPEG ………………………………………… 67

M

MIDI 規格 ………………………………… 111
MIME タイプ ……………………………… 157

O

OpenType フォント ……………………… 54

P

PCM ……………………………………… 106
PNG ………………………………………… 67
PNG-8 ……………………………………… 43, 67
PostScript Type 1 フォント …………… 54

R

RGB カラー ………………………………… 42

S

SNS …………………………………………… 9

T

TrueType フォント ……………………… 54

W

Web サイト ………………………………… 9
Web セーフカラー ………………………… 43

あ

アウトライン化 …………………………… 58
アウトラインフォント …………………… 54
アニメーション …………………………… 72
アンチエイリアシング …………………… 15

い

移動 ………………………………………… 25
イメージプロット ………………………… 142
色深度 (ColorDepth) …………………… 37
インデックスカラー ……………………… 37, 42, 43

お

黄金矩形 …………………………………… 28
欧文書体 …………………………………… 48
オブジェクト ……………………………… 19

か

カーニング ………………………………… 54
解像度 ……………………………………… 65
回転 ………………………………………… 26
拡大・縮小 ………………………………… 25
画像・動画共有サービス ………………… 9
加法混色 …………………………………… 36
カメラアングル …………………………… 85
カメラワーク ……………………………… 86

き

キャラクタ ………………………………… 46
行間 ………………………………………… 55
行揃え ……………………………………… 55

く

グリッド …………………………………… 30
グレースケール …………………………… 37, 42

け

ゲシュタルト要因 ………………………… 22
減法混色 …………………………………… 36

こ

コーデック ………………………………… 82
コピー ……………………………………… 27
コンピュータミュージック ……………… 111

さ

彩度 (Saturation) ……………………… 36
サウンド …………………………………… 104
サンプリング ……………………………… 106
三面図 ……………………………………… 61

し

シアー ……………………………………… 26
色相 (Hue) ……………………………… 36
色相環 ……………………………………… 36
色料の三原色 ……………………………… 36
字下げ ……………………………………… 55
集合知 ……………………………………… 11
肖像権 ……………………………………… 131

照明 ·· 87
正面図 ··· 62

す
スタイルシート ································ 154
スタンダードデザインパターン ········· 144
スピーカー ······································ 105

せ
線 ·· 15

そ
相互作用（インタラクティブ）性 ········· 7
双方向性 ··· 6
側面図 ··· 62

た
タイプフェイス ································· 47
タイポグラフィ ································· 46
楕円形 ··· 19
多角形 ··· 19
タグ ·· 154

ち
知識共有サイト ··································· 9
長方形 ··· 18
著作権 ·· 131
著作者人格権 ·································· 131
著作者隣接権 ·································· 131

て
ディジタルサウンド ························· 109
テクスチャ ·· 93
点 ·· 14

と
等量等形分割 ···································· 30
トラッキング ···································· 55
トランジション ······························· 120
トリミング ·· 31
ドロー系ソフトウェア ························ 18

な
ナビゲーション ······························· 134

の
ノンリニア編集 ······························· 119

は
パブリシティ権 ······························· 131

ひ
光の三原色 ·· 36
ピクセル（画素）······························· 14
ビットマップフォント ························ 54

ビットレート ···································· 83
ビデオフォーマット ·························· 80

ふ
フォント ··· 46
復号 ·· 82
符号化 ··· 82
プライバシー権 ······························· 131
プラグイン ····································· 157
フラクタル ·· 20
フレームレート ································· 80
ブログ ·· 9
プログレッシブ分割 ·························· 30

へ
平面図 ··· 61
ペイント系ソフトウェア ···················· 14
ペースト ··· 27

ほ
ポイント ··· 47
補色 ·· 39
ポリゴン ··· 89

ま
マークアップ ·································· 154
マイク ·· 104
マテリアル ·· 93

む
無彩色 ··· 36

め
明度（Brightness）···························· 36
メディアコンテンツ ···························· 6
面 ·· 16

も
文字コード ····································· 156
モデリング ·· 88
モノクロ 2 階調 ································· 42

ゆ
有彩色 ··· 36
ユーザビリティ ······························· 138

り
リフレクト ·· 26

れ
レイヤー ··· 66
レンダリング ···································· 97

わ
和文書体 ··· 52

■執筆

同志社女子大学教授
有賀妙子

大阪電気通信大学教授
渡部隆志

大阪電気通信大学教授
由良泰人

岐阜県立岐阜商業高等学校教諭
上田益久

表紙デザイン──アトリエ小びん　佐藤志帆　　写真提供・協力──飯面雅子　竹内泰人
本文基本デザイン──ブルーインク　　　　　　　　　　　　　　東京都写真美術館　水江未来

表現メディアの編集と表現

©著作者　有賀妙子
　　　　　ほか3名（別記）

●発行者　実教出版株式会社
　　　　　代表者　小田良次
　　　　　東京都千代田区五番町5

●印刷所　株式会社インフォレスタ
　　　　　代表者　吉田朋美
　　　　　東京都文京区本郷1-34-1

●発行所　実教出版株式会社
　　　　　〒102-8377　東京都千代田区五番町5
　　　　　電話〈営業〉(03)3238-7777
　　　　　　　〈編修〉(03)3238-7785
　　　　　　　〈総務〉(03)3238-7700
　　　　　https://www.jikkyo.co.jp/

●発行者の許諾なくして本書の内容の一部なりとも転載することを禁ずる。
002402015　　　　　　　　　　　　　　　　　　　　　ISBN978-4-407-33621-4